荷風　静樹

愛と離別

江畑　忠彦

表紙デザイン　山本哲三郎　小林和義

永井家と内田家の家系図

内田家

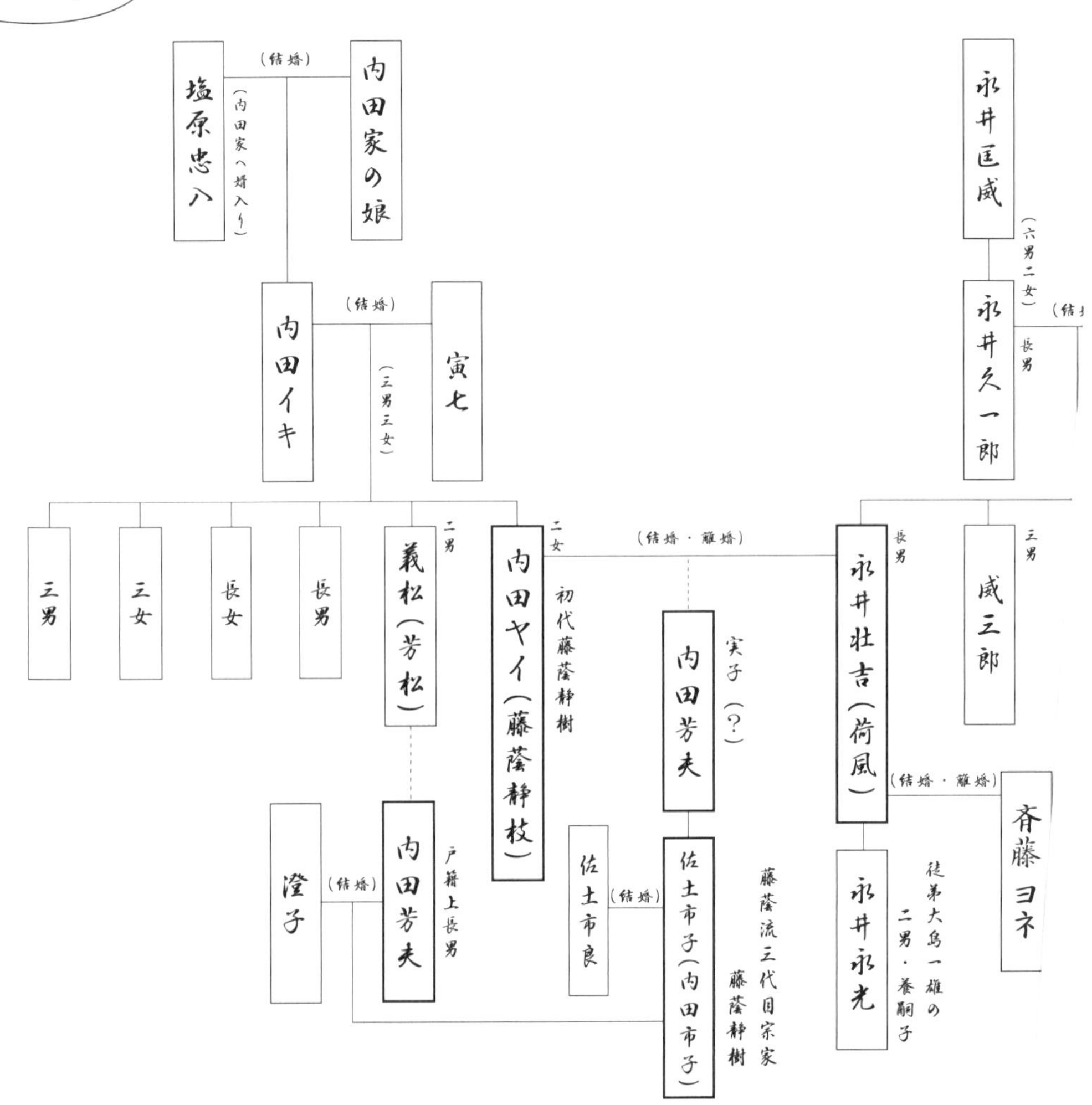

プロローグ　＝事件記者の勘＝

私は共同通信社の社会部で長年、警察・検察取材を中心に事件記者をやっていた。その習性から「勘が働く」ということを大切にしている。極秘捜査が押し迫ったり、容疑者が浮かんだりした場合、勘が働き、確認作業を急ぐと、競争他社を出し抜いて取材結果をヒットさせたことがあった。拙い経験則からすると、取材に集中し、冷静に状況を分析できる時、不思議と勘が働く。

文豪永井荷風、新舞踊家藤蔭静樹との間の「実子ミステリー」を執筆しようと思い立ったのも、記者生活を引退し、間もなく古希（七十歳）を迎えようとしていた時期に、そんな、ちょっとした勘が働いた事がきっかけだった。

平成二十七（二〇一五）年六月、卒業した大学のクラス会の一泊旅行に久しぶりに参加した。行先は新潟だった。メンバーは法学部の一年生当時の独語の仲間。六十歳前後の定年時期に差しかかった頃から、地方出身者が幹事となり、それぞれ自分の故郷を仲間に案内するという旅行会が企画され、懇親を深めていた。この時は新潟市で弁護士をしていた同窓が幹事を引き受けてくれた。

東京から十五人が新幹線で出掛け、ホテルにチェックインした後、最初に向かったのが地元の有力県紙、新潟日報の本社だった。同本社は二年前、印刷工場中心の黒埼本社から市中心部に移転し、信濃川に架かる万代橋のたもとに竣工した二十階建てのビル。北前船の帆をモチーフにしたモダンな建物で、通称「メディアシップ」と呼ばれている。

同本社内の「にいがた文化の記憶館」に、新潟県出身の著名人を紹介するコーナーがあった。荷風に関心を抱き、出版物や各種資料を読み漁り始めていた私は、壁一面に列記されていた著名人の中に、荷風の二番目の妻、新橋芸者巴屋八重次こと藤蔭静樹の名を見つけた。八重次は荷風と別れた後、新舞踊の旗手として藤蔭流を創立し、日本舞踊界の大御所となった若き日の藤蔭静樹である。

案内役の女性学芸員と話していると、女性の口から「時々、遺族の方がお見えになりますよ」との言葉が出た。「遺族って誰？」「もしかしたら八重次に子供がいたということか？」。女性の言葉に驚き、私の頭はグルグルと回り始めた。

数多くの女性と浮名を流し、「性愛作家」とも呼ばれた荷風は、一方で欧米流の個人主義を貫き、家族、特に子供を持つことを嫌っていた。女性との交情では避妊を常に心掛けていたことが知られている。

永井荷風に実子がいたとなれば大事である。帰京後、私は旧知の新潟日報の元編集局幹部に電話し、「遺族とは誰か」を調べ始めた。ほどなく案内役の女性が口にした「遺族」は京都に住む藤蔭流三代目宗家藤蔭静樹の佐土市子さん（七二）＝令和五年現在＝であることが判明した。

ここから次々と驚くべきことが分かっていく。佐土市子さんの実父、内田芳夫氏こそ荷風と八重次との間に出来た実子とみられるのだ。佐土さんは内田氏の一人娘。芳夫氏は戸籍簿によると、明治四十四（一九一一）年七月、八重次の実弟夫婦の長男として京都府紀伊郡深草村で生まれている。実弟は伏見稲荷で働いていたとみられ、戦後、同稲荷の神官となった人物だ。八重次と実弟は一歳違い。当時、八重次三十歳、実弟は二十九歳だった。

戸籍簿をよく見ると、実弟夫婦の婚姻届が出された翌日、芳夫氏の出生届が出されている。芳夫氏の出生届を出さなければならない事情が生じたため、急きょ婚姻届を出したのではないか？　そんな推測が働いた。

八重次は、荷風より一歳年下。小柄の美人で、「文学芸者」の異名を持った新橋の売れっ子芸者だった。その八重次が、三十一歳の若さで慶大文学科教授になったばかりの荷風と、運命的な出逢いを遂げたのは明治四十三年の夏。二人は間もなく「交情蜜の如し」と言われるほど深い仲になる。荷風が八重次との交情を深めた時期と、芳夫氏がほぼ一年後に出生したのは奇妙に符号するではないか。

芳夫氏は戸籍上、伯母だった藤蔭静樹を「実の母」と確信し、京都市内の中学を卒業後、身寄りのない栃木県の高校に進学。暇を見つけては藤蔭流の東京・六本木の稽古場に姿を見せ、「母恋し」の一念から様々な行動をとっていた。

芳夫氏は太平洋戦争を挟んで京都市役所に勤務。戦後、京都中央卸売市場長などを務めた。昭和五十五（一九八〇）年、六十九歳で亡くなっている。生前、「私の眼の黒い内は荷風のことは話してはいけない」と家族に言い含めていた。

諸々のことを確認しなければならないので、佐土さんが上京する際、定宿にしていた東京・芝のホテルで会った。玄関からロビーに入ってくる和服姿の佐土さんを初めて見て、私の驚きはさらに増幅した。

荷風は身長一メートル八十センチほどで、明治生まれの日本人としては大男だった。佐土さんもすらりと背が高く、何よりも面長だった荷風と風貌がそっくりではないか。父芳夫氏が荷風の実子だとすれば、佐土さんは荷風の孫に当たる。「実子ミステリー」は私の胸の内で確信に変わっていった。

日露戦争、大逆事件、関東大震災、日中・太平洋戦争と明治、大正、昭和の激動の時代を生き、「反骨の作家」と呼ばれた永井荷風。陸軍の青年将校らが「昭和維新」を叫んで決起した二・二六事件から程なく、私娼窟・玉の井を舞台に、娼婦「お雪」を主人公にした代表作「濹東綺譚」を新聞に連載し、大きな反響を呼んだ。四十二年間、書き紡いだ日記「断腸亭日乗」は、軍国主義に染まった戦前の世相を読み解く近現代史資料として評価が高い。七十九歳での「孤独死」から六十五年が経つ。

家族、親族、世間のしがらみを忌み嫌い、徹底した「個人主義」を貫き通した荷風。残念ながら荷風が実子について語った記録は無い。

約百十年前、新進気鋭の流行作家荷風と新橋の文学芸者八重次は出逢い、心底愛し合った末、別れた。さらに太平洋戦争を挟み、それぞれ別の道を歩み、戦後、荷風は文化勲章、藤蔭静樹も文化功労者に輝いた。二人の出逢いは、明治政府が欧米列強に伍するため、「富国強兵」「殖産興業」を旗印に近代化を急ぎ、日露戦争を戦った直後だ。国内では「一等国入り」の高揚感が広がっていた。二人の愛と離別の物語を、「実子ミステリー」を解き明かしながら、文豪・永井荷風の新たな人間像に迫る。

目次

第一章　「孤独死」

＝クモの巣の張った部屋で＝

永井荷風は、昭和三十四（一九五九）年四月三十日未明、千葉県市川市八幡町の自宅で急逝した。明治十二（一八七九）年十二月生まれで、七十九歳五カ月の生涯だった。

その死は、誰一人看取る人も無い「孤独死」だった。蜘蛛の巣がかかる部屋で、外出の際の洋服姿のまま、万年布団の上に倒れ、息絶えていた。文豪のイメージとはほど遠い「老残」ともみえる死は、世間を驚かせた。しかし、その死に様こそ、徹底して個人主義を貫いた荷風ならではの「最後のメッセージ」とも言えた。

「荷風死す」。このニュースは直ちにラジオ、テレビ、ネオン・ニュース、新聞夕刊で大々的に伝えられた。自宅には新聞社、雑誌社などの記者たちが、遺族や文壇関係者より、いち早く押し掛けた。日頃、閑静な住宅街は、にわかに騒然となった。

近所の医師の他、変死とみて市川署の鑑識係も駆け付け、検視を行った。自宅に通じる路地口には警官二人が見張りに立ち、周辺は事件現場のような様相を呈した。

終の棲家となった自宅は、京成線京成八幡駅北側すぐの路地裏にあった。平屋の質素な家で、荷風は三年前の暮れ、約四十坪の土地を購入、自宅を新築していた。

旧宅は、ひと駅離れた同市内菅野にあった。戦後、荷風の浅草通いは毎日、規則正しく続いていた。しかし、年齢が七十歳半ばを超えると、浅草通いの日参も体にしんどくなった。「駅が近いのは便利」。自宅を新築しての転居は、老齢の荷風が熟慮を働かせた上での決断だった。

荷風は部屋の掃除、簡単な身の回りの世話を、福田とよさんという近所の老女を雇い、頼んでいた。荷風が急死した日も、とよさんは定刻の午前九時頃、訪れた。しかし、応答がなかった。不審に思って家の中に入り、荷風を発見した。荷風は奥の六畳間で死亡していた。

親類縁者など世間との付き合いをほぼ断ち、老齢の身を案じる知人の援助の申し出もかたくなに断って、荷風は独居生活を続けていた。とよさんは字が読めなかった。詮索嫌いの荷風はこの点を気に入り、雇った。遺体が見つかった部屋は書斎兼居間で寝室も兼ねていた。天井には蜘蛛の巣が張り、荷風は普段からとよさんがこの部屋に入るのを拒んでいた。とよさんの用事がひと通り済むと、「帰れ　帰れ」と厄介払いすることもあった、という。

遺体の荷風は、紺色の背広の上着にこげ茶のズボン姿だった。頭に茶のマフラーがかかり、万年布団から畳に半身を乗り出し、うつ伏せ状態で息絶えていた。外出帰りのまま寝込んだのか、普段から着替えることなく床に付いていたのか。判然としかねた。

死顔は安らかで苦悶の表情はなかった。が、大量に吐血し、頭部付近の約三十センチ四方が血に染まっていた。枕元の火鉢には吐いたらしいご飯つぶが付いていた。

近くに数冊の本とともに、終生敬愛してやまなかった恩師、文豪・森鷗外の「澁江抽斎」の本があった。四分の一ほどのページが開かれたままになり、そのページにも吐血した血が飛び散っていた。死の直前まで目を通していた、とみられる。

「人生の至福は読書にあり」と常日頃、口にしていた荷風。かつて東京・麻布にあった洋館の自宅「偏奇館」は、東西古今の蔵書、永井家に代々伝わる古書などであふれ返っていた。しかし、これら書籍は終戦の年、昭和二十（一九四五）年三月十日の東京大空襲で、焼け落ちた「偏奇館」ともども灰塵に帰した。

荷風の日記「断腸亭日乗」には、この大空襲の際の様子が「隣人の叫ぶ声のただならぬに驚き日誌及草稿を入れたる手皮包を提げて表通に走出でた」「三十余年前欧米にて購ひし詩集小説座右の書巻今や再びこれを手にすること能はざるを思へば愛惜の情如何ともなしがたし」と記されている。

戦後、荷風が買い求めた書籍は、森鴎外、幸田露伴の全集、洋書類だった。遺品として残されたのは、和漢洋書五百二十冊。本棚に収められた三分の一はフランス語の原書だった。フランス文学に傾倒し、フランス文学に生きた荷風の証明だった。

知らせを受け出向いた近所の医師の見立ては、死亡推定時刻は午前三時頃、持病の胃潰瘍による吐血で死亡した、との推定だった。警察の検視の結果も、死因は持病の胃潰瘍が悪化し、吐血。それによって窒息死した、との結論になった。

荷風は社交的で精力家だったエリート官僚の父久一郎とは気性、体形とも全く違っていた。背が高く痩身で健康に恵まれなかった母親恆に似て、その血を引いていた。生来、胃腸が弱く、「十六歳の時、腺病質の母から遺伝された瘰癧（るいれき）を治療するため」（作品「歓楽」）約一年、学業を休み、進級が一年遅れた。成人してからも病院通いは日常茶飯事だった。「断腸亭日乗」にも体調を崩した際の「病臥」の記述が度々出てくる。

令和二（二〇二〇）年一月、NHK・BSの「偉人たちの健康診断」という番組は、荷風の死因について興味深い新説を紹介した。荷風の死因は、肝硬変が進んだことで合併症の食道静脈瘤ができ、それが破裂したことによる、という見立てだ。死の直前の三月一日、荷風は行きつけの浅草の洋食店アリゾナで昼食後、倒れた。それも肝性脳症による意識障がいの可能性が高い、という見方を示した。

日頃、大金を入れて持ち歩いていたボストンバッグは枕元にあった。中に預金通帳と現金が入っていた。預金通帳に記された金額は二千三百三十四万四千九百七十四円。現金は手の指が切れそうな一万円の新札三十一枚に、小銭三百八円があった。

裸電球一本がぶら下がっていた。この電球も夕方になると点く定時契約のものだった。たん笥など家財道具類と呼べるようなものは無かった。作り付けのガラス戸の本棚、小机一つ、火鉢だけだった。部屋の様子は荷風の「無物主義」を如実に裏付けていた。

畳の上には日用品の瓶、缶などが放置され、食べ残しのチーズクラッカーが散らばっていた。小机の上に愛用の懐中時計、眼鏡が置いてあった。

東京新聞は、荷風の遺体の写真を社会面に掲載した。写真説明には「独り暮しでとり散らかった部屋の奥六畳間で急死した荷風氏」とあった。著名人の遺体写真が新聞紙面に掲載されるのは極めて稀だ。ノーベル賞作家川端康成は「荷風氏の死の部屋を眺めていると、うつ伏せの死骸があるのに気づいて、私はぎょっとした。言いようのない思いに打たれた。このようなありさまの死骸の写真まで新聞紙にかかげるのは、人間を傷つけること、ひど過ぎる。」と嘆いた。荷風は私生活でカメラマンなどに追いかけられ、写真を撮られることを極度に嫌った。しかし、死に際まで好奇の目にさらされることになった。

朝から騒然とした一日が暮れ、三十日夜、仮通夜が営まれた。晩年の荷風と親交が深かった相磯勝弥氏、毎日新聞の小山勝治（小門勝二）氏、中央公論社（現・中央公論新社）の嶋中鵬二氏らが集まった。部屋を片付け、真新しい蒲団の上にやっと荷風の遺体は安置された。

荷風の死は追悼記事や評論などでしばし新聞、雑誌の紙面をにぎわせた。興味本位の週刊誌もハチの巣を突いたような騒ぎで、この時とばかり荷風の醜聞を派手に取り上げた。

創刊間もない「週刊文春」も、五月十八日号で「荷風における女と金の研究―この偉大なる二重人格者」と題し、特集を組んだ。

この特集の書き手が若き日の「歴史探偵」こと半藤一利氏。文芸春秋の週刊誌編集部に配属間もない同氏は、荷風の死を知り、いち早く駆け付けた。「荷風宅に大勢群がった人々の中でも五本の指に入る位」とは本人の弁だ。荷風ファンで事前に自宅を知っていたことが幸いした。

半藤氏執筆の記事を読むと、荷風の遺体がぞんざいに扱われた様子が分かる。描写は生々しい。荷風は明治生まれにしては珍しく身長約百八十センチ、靴の大きさ約三十センチの大男であった。記事は次のようだ。

荷風はうっすらと口をあけていた。骨太だけに、胸やろっ骨がむごたらしく浮き出し、細長い指の白さが気味悪かった。

「もういいンですかい」

葬儀屋がそういったが、誰も返事をしなかった。面にあった白いきれを静にのけるとき、人々の輪がぐっと寄って、せばまったが、その姿勢でみんな立っていた。手を合わせるものもなかった。

「いいんだね」

もう一度そういうと、葬儀屋は二人の人夫にあごで指示し、くるくるッと荷風のなきがらをシーツで包んだ。よいしょとばかり、頭と足と胸の三カ所からもちあげ、棺の中に入れた。

棺は市川署が葬儀屋に手配してとどけさせた二千五百円のものという。色あせたタオルねまきのなきがらが横たわるには、小さすぎたようだった。

「もう少し、下げなきゃ」

「じゃ脚をまげろ」

葬儀屋の手で荷風の脚は折れんばかりに曲げられた。死後二十時間たった脚は、硬直して、容易なことではまがらなかった。死臭のしみた手が、ぐいぐいと力まかせに脚をねじた。頭が、ごつごつと、棺にうち当って音をたてた。地獄の鬼さながらの、むごい扱いようである。悲惨眼をおおいたいばかりであった。小さな棺に、その長身を静に横たえたなきがらは、まるで荷風にして荷風でなき、もののようであった。


死亡前日の二十九日の行動はすぐ明らかになった。荷風は午前十一時頃、自宅裏の京成電車の線路に面する和食店「大黒屋」を訪れた。店員によると、いつものように奥の定席に座った。日本酒・菊正一本をサービスで出たおしんこをつまみながら飲み、注文したカツ丼をきれいにたいらげ、帰った、という。この日は昭和天皇の誕生日で休日だった。

三月一日の「アリゾナ」の一件とは、荷風が通っていた浅草の同店で昼食をとって帰る際、店先で転倒した顛末だ。荷風を良く知る女主人が驚き、ボーイを付き添わせ、ハイヤーを呼ぼうとしたが、荷風はこれを強く拒絶した。よろける足で約一キロ先の雷門まで行き、タクシーに乗って何とか帰宅した。

「断腸亭日乗」にアリゾナの一件は、「日曜日。雨。正午浅草。病魔歩行殆困難となる。驚いて自働車を雇ひ乗りて家にかへる。」とある。翌日の二日は「陰。病臥。家を出でず。」となり、以降「病臥」の文字が続く。

荷風の浅草通いは昭和二十三年一月から戦前のように復活した。しかし、アリゾナで倒れて以降、ついにストップした。晩年の日記の常套句「正午浅草」の表現は、翌二日から消えた。代わりに「正午大黒屋」の記述が増えた。食事を自宅裏の手近な「大黒屋」で済ますようになった。

荷風の老いの兆候は、日常の随所にみられた。荷風は駅前のタバコ屋で毎日、十本入りのパール一箱と「チソパン」というパンを二十円分買うのを日課としていた。この行き帰りに、つまづいて転ぶことがあった。なかなか起き上がれず、タバコ屋の娘さんが手を貸すこともしばしばだった、という。

三田文学の作家佐藤春夫は小説「永井荷風伝」で「以前はあれほど軽い咳や、頭痛などにさえ杞憂したあの先生が、老軀をいたわって医者に見せることもせぬばかりか、万一にそなえて看病人ひとりを頼まぬばかりか、更に近隣の一品料理などへ出かけて何の油を使っているとも知れない安テンドンなどを残さず貪っていたと伝えられるのを聞いて、自然死による覚悟の自殺を企てていたものとしか、わたしには考えられないのである」と書いた。

近現代史の一級資料と評価の高い荷風の日記「断腸亭日乗」は、三十七歳の時から四十二年間にわたって書き綴られた。大正五（一九一六）年三月、荷風は慶大文学科教授を退き、「三田文学」の編集からも離れた。同時期に牛込区大久保余丁町の広い屋敷の半分、約五百坪を子爵入江為守に分譲した。残る邸内に新居を造り、「断腸亭」と命名した。入江は公卿出身の華族で、東宮侍従長などを務めた入江相政の父である。

荷風は時折、庭や路地に咲く花々を俳句にしたためた。その一例が次の一句だ。

芋の葉に花を添えたり「秋海棠」。花の中で中国原産の秋に可憐な花を咲かせる秋海棠が好きだった。植木屋に頼み新居の庭にこの木を植えた。

秋海棠は別名「断腸花」と呼ばれる。同年九月十六日より手帳に日記を鉛筆で書き始めた。これが「断腸亭日乗」の始まりとなる。急死前日、荷風は「四月廿九日。祭日。陰。」と書き残した。これが「断腸亭日乗」の最後の記述となった。

告別式は五月二日、自宅で仏式で執り行われた。荷風は生前、「葬式はするな」と遺書にしたためていた。このため、葬式を執り行うかどうか、親族会議はもめた。結論は簡素な形式で行うことに落ち着いた。

自宅の門柱に掛け渡された桟に「忌中」の貼り紙がぶら下げられ、門柱脇に「故人の遺志により仏前への御供え物は一切御ことわり申上げます　葬儀委員會」と記された貼り紙が出された。

荷風が亡くなった奥の六畳間に棺を置いた祭壇が設けられた。棺の前に遺影、天皇陛下から下賜された祭祀の水引袋、昭和二十七（一九五二）年に受章した文化勲章が飾られた。日本芸術院、文部大臣よりの花輪は例外として霊前に供えられた。

葬儀委員長は三人兄弟の末弟、日大教授永井威三郎氏、副委員長は荷風が慶大教授時代の教え子、作家久保田万太郎氏が務めた。作家堀口大学氏、同広津和郎氏、大谷竹次郎松竹会長、城戸四郎氏、森鷗外の長男・森於莵氏、浅草の洋食店「アリゾナ」の女主人ら文壇、映画関係者ら約百五十人が会葬した。

威三郎氏が葬儀委員長になったのは、ほかに適当な親族がいなかったためだ。が、苦肉の人選だった。荷風は威三郎氏を義絶し、死亡時まで一切の関係を断っていたからだ。

荷風と威三郎氏の兄弟関係が途絶したのは、荷風の二度目の結婚騒ぎに遡る。荷風は、明治天皇が崩御した直後の大正元（一九一二）年九月、本郷湯島の材木商斎藤政吉氏の二女ヨネと見合い結婚した。新橋の芸者巴屋八重次という昵懇な間柄の愛人がいながら、父久一郎の勧めに従い、突然、世帯を持った。

しかし、久一郎が同年末、急死すると、翌年二月、ヨネを離別し、離婚した。そして一年後の大正三（一九一四）年八月、八重次を二番目の妻に迎えた。

クリスチャンで日頃の兄の奔放な行状に不満を抱いていた威三郎氏は、この八重次との結婚に強く反対した。名家永井家の嫁に芸者を入れるのは許せない、というのが威三郎氏の言い分だった。母恆を引き取って別宅を構える行動に出た。

大正十三（一九二四）年十二月十三日の「断腸亭日乗」を読むと、威三郎氏との関係が極めて深刻であったことが分かる。

母恆の安否が気になり、威三郎氏宅を訪問した際の記述だ。悪意があると思える記述に驚く。

「母上の許には威三郎の幼児二人あり。行儀悪しく育てたりと見え、母と予と対座する傍に走り来り、椅子に攀じ、茶をくつがえし、菓子を奪ひ、予に向つて早く帰れなどとと面罵す。世に悪童は多しといへども大久保の子供の如きはいまだかつて見ざる所なり。威三郎夫婦は野猿の如き悪児二人を年老いたる母上に託して、朝鮮の某処に居住せるなり。これ人の親たる務を尽さず、また子たるものの道に反けるものといふべし。威三郎はかつて余の妓を納れて妻となせしを憎み、爾来十余年義絶して今日に及べり。この夜悪童の暴行喧騒に堪えず、母上とは長く語ること能わず、初更辞して帰る。余は妻子なき身の幸な

る を喜ばずんばあらず。」

荷風は当時の家父長制の長子相続に則り父久一郎の、即ち永井家の資産全てを相続した。作家としては極めて稀な資産家として、その後、奔放、気ままな私生活を送った。夜な夜な、銀座、浅草などに出掛け、多数の女性と逢瀬を楽しむことができたのも、この遺産があればこそであった。終戦を経ての死亡時にも自宅の土地家屋、預金・現金約二千三百万、年間百万以上の著作権料などがあった。現在に換算すると数億円に上るとみられた。親族会議の結果、遺産は養子の永井永光氏がほぼ相続することになった。

永光氏は、荷風の従兄弟であった大島一雄氏(杵屋五叟)の二男で、昭和十九年(一九四四)年三月、荷風の養子となっていた。雑司ヶ谷の永井家墓地は威三郎氏の意向が通り、同氏が管理することになった。

大島氏は、長唄の師匠で、荷風を尊敬し、懇意にしていた。太平洋戦争末期、食料が窮乏し、東京都内が頻繁に空襲に見舞われた時期、大島氏は家族総出で独居老人、荷風の生活を支えた。

荷風は昭和十五（一九四〇）年末、「荷風散人死後始末書」と題した遺言書を書き、大島氏に送っている。その内容は、大島氏の子孫の中から適当な人物を選び、荷風の、即ち永井家の家督相続をさせること、荷風死去の際は葬式をしないことなど八項目にわたるものだった。

荷風は死去から二カ月弱の五月中旬、豊島区南池袋の雑司ヶ谷霊園にある、永井家の墓に葬られた。三回忌には父の墓の隣に「永井荷風墓」と刻まれた墓碑が立った。

荷風は生前、名も無き吉原の遊女たちが眠る荒川区南千住の浄土宗・浄閑寺を度々訪れた。この寺は、安政二（一八五五）年の安政大地震の際、亡くなった吉原の遊女六百人余の遺体が投げ込まれた、といわれる。別名「投げ込み寺」と呼ばれる。本堂裏手には「新吉原総霊塔」があり、「生まれて苦界、死して浄閑寺」との句が刻まれている。

江戸幕府が認めた江戸遊郭の始めは、現在の日本橋人形町になる江戸橋近くにあった。これが、江戸の大半を焼いた一六五七年正月の明暦の大火を受けて浅草寺裏手の日本堤に移された。前者を元吉原、後者を新吉原と呼んだ。浄閑寺はこの明暦の大火より二年前に創建されている。

断腸亭日乗に荷風は「余死する時、後人もし余が墓などを建てむと思はば、この浄閑寺の娼妓の墓乱れ倒れたる間を選びて一片の石を建てよ。石の高さ五尺を越ゆべからず、名は荷風散人墓の五字を以て足れりとすべし。」と書いた。しかし、荷風のこの願いが叶うことはなかった。

第二章 「慟哭する男」

＝母を母と呼べず＝

東京から約五百キロ離れた古都・京都。この地で文豪永井荷風の突然の死を深く悲しむ男性がいた。自宅で購読していた毎日新聞の記事を見て荷風の死を知った。男性は当時、四十七歳、京都市役所の幹部職員だった。男性が慟哭するほど悲しんだのは、長年、胸に押し隠していた自身の「出生の秘密」のためだった。

毎日新聞は昭和三十四年四月三十日付の夕刊で、永井荷風の死去を報じた。見出しに「臨終も孤独のままに　文化勲章作家永井荷風氏　貫いた奇人ぶり　主なき汚れ放題の住居」などの活字が躍った。

男性は荷風の死を伝える記事に目を通した後、応接間の椅子に座ったまま動けなくなった。父親の異常な気配に驚き、小学生の一人娘は母親に「どうしたの？　お父さん」と尋ねた。母親は先ほどまで男が読んでいた毎日新聞の記事を指差し、「お父さんのお父さんが亡くなったのよ」と声を沈めて答えた。

娘は母親の言葉の意味を理解しかねた。しかし、六十年余が過ぎた今、当時の父の無念さが痛いほど分かる。そして「父の背中が泣いていた光景は記憶から消せない」という。

男性は永井荷風を「実の父親」と固く信じていた。ただ世間に向かっては勿論のこと、家庭内でも荷風を話題にすることを慎んでいた。「自分の目の黒い内は荷風のことを話してはならない」。娘は後に男性が妻である母親にそう話していたことを知る。それは育ての親に対する恩義を大事にした明治生まれの男性なりのけじめだった。

諸々の事情を考えると、男性は荷風に直接会う勇気、覚悟はとても持てなかった。しかし、大作家と呼ばれていた荷風が生きている、という、そのことだけで、生きる励み、生きる支えを感じた。荷風のことを胸の内で誇らしく思っていた。

荷風の死を知った今、「自分が息子」と名乗る機会が永遠に奪われたことの事実が、男性の体をこわばらせた。とどめることができない「口惜しさ」と「淋しさ」が同時にこみ上げてきて、どうしようもなかった。

男性の名は内田芳夫。妻と娘の三人家族で京都市内に住んでいた。戸籍簿の出生届によると、内田芳夫は明治四十四（一九九一）年七月五日生まれ、出生地は京都の「紀伊郡深草村大字福稲小字開土一番地」。内田芳松、カノ夫婦の長男となっている。

内田家で芳夫の誕生日を祝う日は六月十九日だった。後年、内田氏が勤めていた京都市役所を定年退職し、趣味の洋画・油絵の個展を後輩の絵画サークル仲間が開催してくれた日がこの六月十九日だった。このことを同氏は大変喜び、サークル誌に「個展を顧みて」という文章を寄稿。その中で「私の戸籍の上の生年月日は七月五日　実際の日は六月十九日と聞かされてきた。」と書いている。

戸籍簿を注意深く点検すると、「おや?」と思わせる記述があった。芳夫の出生届が出された前日の七月四日に父母である芳松、カノの婚姻届が出されているのだ。一日違いで出された両親の婚姻届と長男の出生届をどう理解すべきだろうか。

芳松、カノ夫婦にとっては初めての子、芳夫の出生届を出さなければならなくなり、内縁関係であった二人が慌てて前日に婚姻届を出したのだろうか？

内田芳夫が育ての親である内田芳松ではなく文豪永井荷風を実の父親と信じたのにはいくつかの理由がある。

一つは、芳夫が育ての親である両親に関して、一人娘に語った話の内容だ。

芳夫はひとり息子であるにもかかわらず、芳松、カノから親としての愛情を感じた記憶がない、という。芳松、カノの間には芳夫の出生の二年後、妹が生まれた。二人はこの娘を溺愛し、芳夫を邪険に扱うようになった。まるで奉公人のように、自宅周囲の掃除などを言いつけることが多かった、という。

さらに大きな理由は、伯母に当たる女性の存在だ。その女性は、内田ヤイという名だった。内田ヤイは、新橋・巴屋の芸者で、荷風の二番目の妻となる八重次の本名だ。八重次は日本舞踊の名取「藤間静枝」となり、後年、藤陰流を起こした「藤蔭静樹」である。内田芳松は、八重次の一歳違いの弟だった。

芳松は明治十四（一八八一）年の新潟生まれ。婚姻届を出した当時、二十九歳だった。戦後、京都伏見区深草の伏見稲荷大社で働いていた。新潟生まれの芳松が、京都に移り住んだ経緯は分からない。

伏見稲荷大社は全国約三万社といわれる「お稲荷さん」の総本宮。起源は平安遷都より古く千三百年前。「商売繁盛」、「家内安全」のご利益があるとされ、人々の信仰を集めている。稲荷山をバックに、トンネルのように続く朱塗りの千本鳥居が外国人観光客に受け、京都を代表する観光スポットの一つになっている。

同稲荷大社によると、芳松は昭和二十一（一九四六）年七月に同稲荷大社の禰宜（ねぎ）に任じられ、昭和三十一（一九五六）年九月、少宮司待遇に昇進。三年後の昭和三十四年四月十四日に退任している。

新潟生まれの芳松が、芳夫の出生届を出すまで、どのように生計を立て暮らしていたかも不明だ。ただ芳松と一緒に仕事をしていたこともあるという伏見稲荷大社の宮司によると、近隣の人々が「雇い」という形で手伝いをしていたことがあり、そうした人々は同稲荷の名簿には載らなかった、そうだ。

芳松夫婦の自宅は同稲荷大社の本殿手前の左側路地を百メートル程入った所にあった。妻カノも京都出身で、同稲荷大社近辺に親族が居た。芳松がカノを通じて同稲荷大社近くに住み、伏見稲荷大社で働くようになった、とみて間違いなさそうだ。

芳夫の育った芳松夫婦の家庭では、東京に住む、この伯母の存在が大きかった。芳夫は成長するにつれ、両親の自分に接する態度、また親戚の人々の陰口ととれる言葉などから、「伯母こそが本当の母親ではないか」と疑念を挟むようになった。そして「自分は伯母の弟夫婦に預けられ、育てられた子供ではないか」と推測を膨らませた。

芳夫は地元・京都市の桃山中学を卒業すると、市内の高校に進学せず、遠く離れた縁故者もいない栃木県宇都宮市内の宇都宮高等農林学校を選んで進学し、親元を離れた。「東京に住む伯母の、できるだけ近くに住みたい」。その一心からだった。

芳夫はこの高校時代、暇を見つけては伯母藤蔭静樹が主宰する藤陰流の東京・六本木の稽古場に度々姿を見せた。そして同高校卒業後、京都に戻り、京都市役所に勤め始めた。昭和十四年、職場の同僚の牛尾澄子と結婚。二年後、召集された。満州出征の際、京都の両親に会わず、静樹に会うため上京。出征兵士とその家族などでごった返す東京駅で、互いに束の間の「別れ」を惜しんだ、という。

内田芳夫氏が昭和十六年に満州に出征したのは、近衛文磨内閣の下、同年七月、中国派遣への陸軍の八十五万人もの大動員令が決定された時の召集とみられる。日本は前年の九月、日独伊の三国同盟締結に踏み切った。ヒトラー率いるナチス・ドイツ国防軍が欧州を席捲し、あっという間にオランダ、ベルギー、フランスが降伏、占領されたからだ。昭和十六年六月、ドイツはソ連に侵攻、独ソ戦が始まった。混迷を深めた国際情勢の中、日本も対ソ戦、南部仏印進駐に備えて陸軍の大動員令を決めた。そして九月、十二月の昭和天皇の御前会議を経て、日本は勝算不明のまま対英米戦、つまり太平洋戦争に突入した。

終戦の昭和二十年八月、内田氏は復員後、京都に戻り、再び市役所に勤めた。内田芳夫氏は市役所勤めの傍ら立命館大学の夜間に通い、卒業。昭和二十五年十二月、職場結婚した澄子との間に待望の一人娘市子が生まれた。市役所で農政局次長などを務め、昭和四十一年、京都中央卸売市場長を最後に退職した。同市場では「天皇」と呼ばれていた人物だった。

市役所退職後、内田氏は西松建設・京都営業所に再就職した。同営業所の元所長などの話では、営業の仕事はほとんどしなかったが、恰幅の良い温厚な紳士だった、という。内田氏の一番の趣味は油絵。市役所の絵画サークルの顧問を長く務め、退職後も自宅のアトリエを開放し、会の運営に尽力した。

内田氏の写真をみると、背丈は中背で、荷風に似たところはない。むしろ中背で恰幅の良かった荷風の父親久一郎に似ている人物と分かる。しかし、社交好きで精力家だった久一郎とは逆に、内田氏は寡黙な性格だった。少し凄みのある泰然自若とした風貌で、京都市役所の後輩から「天皇」と呼ばれていた理由がうなづける。

内田氏が懇意にしていた絵画スクールの仲間からも荷風に関した話が浮かぶ。内田氏の絵画のテーマの一つに「枯れ蓮」があった、という。同氏はそれを「荷風そのものだ」と言っていた。内田氏は日本酒の「菊正宗」が好きで、愛飲していた。「菊正宗」は、荷風が昭和三十四年四月の亡くなる前日、自宅近くの料理屋で、食事した際、最後に口にした日本酒だ。

市子さんの手元に、藤蔭静樹が「藤蔭静枝」名で市子さんの両親・内田芳夫、澄子夫婦に宛てた封書、葉書の手紙が保管されている。達筆で筆や万年筆で書かれ、かなりの数に上る。どの手紙にも静枝の真情があふれ、相手を思いやる気持ちが伝わってくる。そのこと自体が静樹と内田芳夫の間柄が単なる「伯母」「甥」の関係でないことを証明しているように思える。「赤ちゃんが生れたさうでおめでとうおめでとう　とり阿へず御祝を送りました」。昭和二十五年、市子さん誕生の際の葉書もある。初孫の誕生を喜ぶかのような文面である。

芳夫が実母と信じた伯母・藤蔭静樹は、内田ヤイとして明治十三（一八八〇）年十月二十日、新潟県下新潟区古町五番町に生まれた。内田寅吉、イキ夫婦の六人の子供の二女だった。「ヤイ」という風変わりな名前は、「イ」と「エ」を混同する新潟の方言が影響したもので、親は「ヤエ」のつもりで届を出したのではないか、とみられている。

　内田家の家系を調べると、塩原忠八という祖父が興味深い人物であることが分かる。忠八は越後高田榊原藩の藩士。勤王か佐幕かで世の中が騒然としていた幕末、江戸駿河台に住み、三男坊だったため、毎日、遊んで暢気に暮らしていた。徳川幕府の第十五代将軍徳川慶喜が大政奉還し、「王政復古」の大号令が発せられた翌年の慶応四（一八六八）年＝明治元年＝、薩摩、長州両藩は鳥羽・伏見の戦いで旧幕府軍に勝った勢いで、徳川幕府の雄藩・会津藩征討のため越後方面へ兵を進めた。この時、薩長の新政府軍に対峙した、軍事総督河井継之助率いる長岡藩との北越戦争に、忠八も身を投じ、応戦して鉄砲による深手の傷を負った。

けがは地元の庄屋から温かい世話を受け、幸い快癒した。その恩もあり、「明治」という新時代を迎えたことで、町人になることを決心。庄屋の養子となり、内田姓に改めた。以来、新潟に住み着いた。遊芸に明るく、食通で料理も上手だったことから、新潟市の花街・古町に家を借り、鮨屋を始めた。黒紋付の羽織姿で鮨を握ったことが、「武家商法崩れ」

と評判を呼んだ。

忠八は義侠心に富んでいた。商売が繁盛していくにつれ、やがて忠八親分と呼ばれ、土地の顔役となった。好きな芝居と相撲を呼んで興行に手を染め、興行主としても活躍するようになった。五代目尾上菊五郎を初めて新潟に招いたのも忠八だった、という。

忠八には男の子がなかった。イキというひとり娘に実直な農家の息子寅吉を養子に迎えた。この若夫婦の間に生まれたのがヤイ、芳松など六人の子供だった。ヤイは後に「祖父はどんな人でもすがれば助けてやる気性でした。新潟で知られた興行主で、顔ききでした。その狭客の血が私にも流れている」と述べている。

忠八は器量の良かった孫娘二人を可愛がった。が、古町で一番の妓楼「庄内屋」の女将から「養女に貰えないか」との話が持ち上がった。

当時の庄内屋は、坂内小路と呼ばれた通り沿いに、土塀をめぐらした約三百坪の敷地。現在のホテル・イタリア軒のすぐ近くだ。母屋の長い廊下は黒光りし、豪華な座敷と数多い部屋を前に、数奇をこらした庭園があった。夜になると、釣り灯籠や燭台などにおびただしい数の灯火がともり、庭園の池に火が映えて「不夜城」の様相を呈した。きらびやかな衣装をまとった遊女、芸妓が六、七十人も控えていた。「堀と柳と美人の町」と呼ばれた新潟名物の妓楼だった。

養女の話は最初、ヤイの姉に向けてだった。忠八は「養女でも、孫を遊女屋にはやれない」と断った。しかし、しばらくすると、庄内屋の女将は「妹のヤイを貰いたい」と言い出した。忠八はこの申し出も断った。

しかし、ヤイが近所の庄内屋に度々遊びに行くうちに、女将や多くの芸妓などに可愛がられ、すっかりなついてしまった。ヤイの嬉しそうな様子を見て、忠八も渋々、ヤイが五歳の時、養女の話を受け入れた。九歳になった際、正式に「庄内屋」の養女として籍に入った。

古町芸妓は、新潟港が開港した明治二（一八六九）年以降、最盛期には約四百人が働き、京都の祇園、東京・新橋の芸妓と並び称された。新潟港は長崎、函館、横浜、神戸に次いで五番目の開港地だった。外国領事館が出来たりして人、物資が行き交い、賑わいを増した。

ヤイの養母となった佐藤しんは明治十九（一八八六）年、初代万代橋が日本海に注ぐ信濃川河口に架橋された際、橋名の揮ごうを第四国立銀行（現在の第四銀行）頭取八木朋直（後の新潟市長）から依頼され、仲立ちした縁で、揮ごうした伯爵柳原前光の側室として落籍される。

柳原は元老院議長、枢密顧問官などを務めた公家出身の明治政府の要人。妹が大正天皇の生母で、柳原は大正天皇の伯父に当たった。娘は美人歌人で、波乱の生涯を送った柳原白蓮。柳原家は遠く藤原氏を祖とする名門貴族で、代々文筆の家柄。漢詩に堪能だった柳原の流麗な書は今でも珍重されている。

柳原家の先祖の墓が佐渡にあった。柳原は墓参りなどで新潟を訪れた際、庄内屋で八木朋直の接待を受け、芸妓の佐藤しんを知る。しんの美貌に魅了された柳原は庄内屋通いを続け、最後は大金を投じて十五歳のしんを見受けし、東京に連れ帰った。

柳原前光は明治二十七（一八九四）年、四十四歳の若さで亡くなる。病に伏すようになって佐藤しんは新潟への帰郷を許され、三年ほどして再び庄内屋の芸妓に戻った。柳原が亡くなると、しんは芸妓をやめ、四十四歳の若さで女将として庄内屋を切り盛りすることになった。

ヤイは庄内屋の「箱入り娘」として九歳の時、八重の名で舞妓のお披露目をした。着物、蹴出し、下着、足袋などすべてが京都から贈られ、その豪華さが評判となった。その後、全国の名妓が紹介された博文館の雑誌「文芸倶楽部」に新潟を代表して八重の写真が掲載され、新潟一の人気芸者に育った。

八重が後に藤間流の名取から藤蔭流を起こし、新舞踊の旗手として飛躍したことを考えると、この新潟時代にその礎をつくった三人の恩人がいることが分かる。いずれも女性である。

その一人は言うまでもなく養母佐藤しんである。しんはあまり年齢がはなれていない養女八重を実の娘のように可愛がった。庄内屋で八重は乳母、下働きの女性、男衆にかしづかれ、出入りの者から宝物のように扱われ、育った。しかし、しんは世間に出しても恥ずかしくない女性に育てよう、と厳しくしつけをし、字の読み書き、さらに踊り、三味線など遊芸を熱心に教え込んだ。一方、多感な十代から進路に迷った八重の相談に親身になって付き合い、適切なアドバイスを授け続けた。

二人目の恩人は、舞踊の師匠となった市川登根。八重は九歳の時から、この師匠に付き、本格的に舞踊の稽古を始めた。登根は九代目市川団十郎の又弟子に当たる女性。明治初期、古町では登根の主宰する市川派と、四代目市山七十世を師匠とする市山派とが勢力を二分していた。登根は芸に厳しく、稽古では八重に容赦しなかった。

登根は八重が踊り始めると、さす手、ひく手の度に、雷のような罵声を浴びせた。立ちすくむと、扇子が飛んできた。八重には登根が子供心に鬼のように思え、身体が自然に動かなくなる。

「死んじまえッ、何んてえ格好をするんだ。ちっとも間に合ってないじゃないか。踊りなんか、とてもお前にゃ出来ない。死んじまえッ」

厳しい稽古の影響から、ヤイは日本舞踊から芝居にも関心を向け始める。しかし、後に「藤蔭静樹」として日本舞踊の大御所となるヤイにとって、舞踊の基本と芸道の厳しさを叩き込んでくれたのが市川登根だった。

ヤイは十八歳の時、新潟に興行に来た市川九米八一座の舞台を見て女役者に憧れ、養母しんの許しを得て上京する。明治三十六年、川上音二郎一座が東京・明治座で公演した際、内田静江の芸名で初舞台を踏んだ。

女役者になりたい一心で新潟から上京し、九米八の下谷根岸の門を叩いたヤイに対し、九米八は「あなたは女役者になるより踊に向いている」と諭した。がっかりしたヤイを励ますように、九米八は二代目藤間勘右衛門を紹介してくれた。小柄で踊り好きのヤイの才能を見抜いた九米八の慧眼がなければ日本舞踊の大家になる「藤蔭静樹」は生まれていなかった。

女役者を諦めて新潟に戻ったヤイは養母しんに話をし、「立派な名取になったら新潟に戻って、きっと孝行します」と約束。再度、上京の許しを得た。不忍池に近い上野・花園町で借家の部屋を借り、日本橋・浜町の勘右衛門の自宅まで日々、通った。この間、養母しんは月々の費用を仕送りしてくれた。

二代目藤間勘右衛門の弟子となったヤイは、雨の日も雪の日も早朝から勘右衛門の日本橋・浜町の自宅の門を叩き、稽古に励んだ。その芸熱心さが認められ、明治四十三年、晴れて藤間流の名取を許され、静江を静枝に改めた。この年は静枝にとって人生の転換点、忘れられない年となった。

その当時のことを藤間静枝は後年、こう語っている。

「その頃の稽古はまるで学校みたいに毎日だったのよ。朝は五時に起きて、お弁当詰めて、降っても照っても、暑くっても寒くっても、息せき切って浜町通い、万事節約して電車にも乗らず、テクテク池ノ端から浜町まで歩いたのよ」

静枝は藤間流の名取になったことで新橋宗十郎町に晴れて「巴屋」の看板を出し、「八重次」の名で芸妓に出た。新潟を代表する美人芸者「八重」であった前歴もあり、たちまち売れっ子となった。読書好きだった八重次は、呼ばれた座敷に文学書を携えて現れたことから、「文学芸者」と呼ばれ、さらに知られる存在となった。そしてこの年の夏、慶大文学科教授となったばかりの永井荷風と運命の出会いを遂げる。

第三章　「名家の放蕩息子」 ＝エリート官僚、父との確執＝

文豪永井荷風の特異な人物像、生き様を探るに当たって、荷風の生い立ち、育った家庭環境は大変重要な要素である。

荷風は明治十二（一八七九）年十二月、尾張藩士の名家、永井家の長男として東京市小石川区金富町に生まれた。本名は永井壮吉。父母は久一郎、恆夫婦。壮吉という古風な名前には「質実剛健な子供に育ってほしい」という父母の願いが込められていた。荷風の生まれる前年に長女が出生したが、夭折。荷風の後に弟二人が続いた。

永井家の由来については、荷風研究の第一人者、秋庭太郎氏の著書「考証　永井荷風」に詳しい。始祖は戦国時代の武将長田伝八郎直勝（なおかつ）に遡る。直勝は徳川家康の二男信康、さらに家康に仕えた。天正十二（一五八四）年、羽柴秀吉陣営と織田信雄・徳川家康連合軍が尾張国で戦った長久手の戦いで、秀吉側の総大将池田勝入斎を打ち取る大殊勲を立てた。その行賞として常陸笠間、下総古河城主に取り立てられた。家号を後に永井に改めた。直勝の嫡男信濃守尚政は江戸にも浄土宗の千日寺を建てた。現在の新宿区の信濃町、千日谷の地名はここに依っている。

金富町の永井家は、樹々が生い茂り、ひなびた庭や古井戸を擁する四百五十坪のお屋敷だった。裏手には徳川家康の生母於大の方を祀った徳川将軍家の菩提寺「伝通院」があった。荷風は一時期、母親の実家に預けられたが、十三歳までの幼少時をこの広い邸宅で乳母、女中、書生、車夫にかしづかれて育った。新時代の「山の手のお坊ちゃん」を絵にかいた境遇だった。

荷風は「伝通院」（明治四十三年）という小作品で「滅びた江戸時代には芝の増上寺、上野の寛永寺と相対して大江戸の三霊山と仰がれたあの伝通院である。伝通院の古刹は地勢から見ても小石川という高台の絶頂でありまた中心点であろう。」と懐旧の情を込め、江戸時代の残像を記している。

永井家のあった小石川の山の手には旧幕府の武家屋敷が多かった。明治新政府が全国各藩に江戸屋敷を処分するよう、求めたため、処分もされず、打ち捨てられたままの屋敷が増えた。明治政府の官僚となった久一郎は、これら旧幕府の御家人、旗本の空屋敷三軒分をひとまとめに買い、広い邸宅とした。江戸時代、江戸の町は、山の手に武士、下町には町人が住む構図だった。明治維新後、山の手は新政府をリードする官僚、軍人の住む所に変わった。

荷風が生まれた時分は、激動の明治維新からまだ日が浅く、明治新政府の威令が全国に行き渡った、とは言い難かった。国内最後の士族の反乱、西南戦争は、明治維新三傑の一人、西郷隆盛を盟主に明治十年に起きている。

新政府の要人が、旧幕藩勢力の残党に命を狙われてもおかしくない物騒な世情は続いていた。現に翌明治十一年には西郷の竹馬の友で、かつての盟友、内務卿大久保利通が東京・麹町で石川県の不平士族らに襲われ、斬殺された。大久保は明治天皇に謁見するため、赤坂仮皇居に馬車で向かう途中だった。

暗殺当日の早朝、挨拶のため自宅を訪ねて来た福島県令に、大久保は明治政府の国づくりについて「明治元年から最初の十年は創業の時期として戊申戦争や士族の反乱に費やした。次の十年は内地整理、殖産興業の時期。最後の十年は後継者による守成の時期。自らは第二期まで力を注ぎたい」と抱負を語っていた。

永井家が庶民の暮しとかけ離れた裕福な生活を享受できたのは、尾張藩士の名家という家柄もさることながら、十二代目に当たる父久一郎の存在を抜きには語れない。

久一郎は尾張藩士永井匡威（まさたけ）の長男で、幼少時から学業に秀で、尾張藩の藩校明倫堂に通い、督学であった儒者鷲津毅堂の門下生になった。尾張藩主徳川慶勝の藩政に関与していた毅堂は、明治維新で明治天皇が京都から東京に移ったのを機に、明治政府に仕えるため上京した。久一郎も意を決して同様の行動を取った。二十歳の時、明治政府が全国各藩から選んだ有為な人材の一人として米国に約三年留学。プリンストン大学などで学んだ。

久一郎は薩摩・長州藩と対峙し徳川幕府を支えた尾張藩の出身とはいえ、新時代のエリートだった。儒学の素養に西洋の学問を身に付けた稀な官僚で、外交官になるのが夢だった。が、帰国後、霞ケ関・中央省庁の混乱でその望みは果たせず、ひとまず工部省に入り、文部省に転じた。同省で東京書籍館開設の実務を担い、日本図書館界の先達となった。新政府の啓蒙書「百科全書水運」「百科全書希臘史」も書き、出版した。

二十六歳の時、恩師毅堂から人物、識見、仕事ぶりを認められ、二女恆との結婚を許される。久一郎は闊達な性格で、文部省では大臣秘書官になるなどして活躍。家庭では謹厳実直な家父長として絶対君主のように振る舞った。妻恆は良妻賢母の女性だった。

洋行帰りの久一郎らしく永井家の生活ぶりはハイカラだった。荷風が語った、ある日の久一郎は、役所から帰ると、洋服の上衣を脱ぎ、海老茶色のスモーキングジャケットに着替えた。椅子に座って英国風の大きなパイプをくゆらせ、読書に耽った。十畳の居間には椅子と白い布が掛けられたテーブルが置かれ、西洋風の家庭料理が並べられることが多かった、という。

幼小時の荷風宅を描いた作品に「狐」(明治四十二年)がある。庭に出没した狐を父久一郎ら大人たちが残忍に殺す逸話だ。西南戦争が終わって間もない頃だ。まだ世情が落ち着かず、荷風宅も出入りのとび職に家の周囲を夜回りさせていた。

幼い頃の荷風は、小鳥、子犬、ウサギなど小動物に愛着を示し、可愛がっていた。成人してからもウグイスを飼い、無聊を慰めた。成人後は容易に窺い知れなくなる荷風の優しさの一面だった。

「狐」では、狐殺しに狂奔する大人たちへの恐怖心、家庭で専横に振る舞う父への反発心、父に従順に従う母への不満など、少年荷風が家庭をどうみていたかが分かる。畏怖する久一郎と荷風との確執の萌芽もみてとれる。明治十年代には小石川の地に狐が生息していたことにも驚かされる。小石川はまだ郊外で田園の面影も残していた。

「狐」を要約する—。

久一郎は毎朝、役所へ出勤する前、弓を射るのを日課としていた。庭の古井戸を背にした崖の中腹に的を置き、片肌を脱いで矢を射った。

樹々が生い茂り薄暗い崖下の窪地周辺を荷風は日頃から気味悪がっていた。そこに二つある古井戸は昔の屋敷跡の名残だった。秋のある日、弓の音に驚いて熊笹から狐が飛び出した。久一郎は住み込みの書生に「怪しからん。庭に狐がいる。あの辺に穴があるに違いない。貴様、よく捜しておけ、」と探索を命じた。

乳母たちは狐を殺すと祟りがある、と騒いだ。年を越し、雪の降った二月、狐が再び現れ、養鶏所の鶏を食べてしまった。これを機に出入りの鳶頭、植木屋などが狐退治に乗り出す。崖下で見つけた狐の穴をいぶり、顔を出した狐に鳶口を打ち下ろし仕留めた。大人たちは凱歌を挙げ、大酒盛りの運びとなる。久一郎は鶏小屋の鶏を殺して鳶たちに振る舞うことにする。荷風が餌をやって育てていた雌鶏二羽が潰される羽目になる。

評論家磯田光一は「狐」を作品「永井荷風」の中で、「荷風が幼少期を描いた作品のうちで最も秀れた短編である。これを大人たちの狐殺しにたいする、少年の恐怖を描いた作品として読むこともできる。しかしこの短編に描かれた『私』の悲しみのうちには、何か底知れぬ深みのようなものがある」と評した。

評論家川本三郎は、この磯田光一のいう「底知れぬ深み」を「荷風語録」の中で、次のように解説した。

磯田光一のいう「底知れぬ深み」の一因は屋敷のなかの古井戸に象徴される、当時の山の手の暗さがあると思う。徳川三百年が終り武家屋敷が放置されていく。ひとつの時代が終わった敗残の姿である。その暗さのなかに古い時代を思わせる狐があらわれる。それを新時代のエリートたる父親が殺す。この短編は、少年の目で見た〝江戸の敗北〟の物語になっている。荷風の心が滅びゆく狐＝江戸の側にあることはいうまでもない。

荷風は十二歳で神田一ツ橋の東京高等師範学校付属尋常中学（六年制）二年に編入学した。当時、同校は上流社会の子弟が争って進学する学校であった。ほとんどの少年が絣の着物に小倉袴であった中、荷風だけは頭髪をきれいに伸ばし、洋服姿で通学した。

壮吉は早熟で一般の学業に熱心ではなく、久一郎から漢詩の手習いを受けたりした。そして書道、絵画、漢詩づくりを、それぞれ一流の先生について学んだ。父久一郎の教育方針もあった。荷風の書は、驚くほど美しく達筆だ。小説に添えられる挿絵も玄人はだしで絵心がにじみ出ている。いずれも少年時代の素養に依っている。

十六歳頃、尺八の音に魅せられる。自分の銀時計、新調の外套を質入れして尺八を購入。両親に内緒で師の元へ稽古に通った。慕っていた母恆の琴の音に合わせて荷風が尺八を吹くこともあった。荷風は尺八の技量を向上させるため、三味線の稽古にも励んだ。

「壮吉」という名に反し荷風は生来、病弱だった。父久一郎が小太りで頑健な精力家だったのに比べ、母恆は背が高く、やせ型で、腺病質の体質だった。体質、風貌、趣味などが母親似だった。恆は小説、雑誌類を読み、芝居見物好きで、長唄に長け、琴も良く弾いた。文芸・演劇好きになる少年荷風への感化は大きかった。

荷風は十六歳の時、母からの遺伝とみられた瘰癧（るいれき）の治療で約一年、休学した。都内の病院に入院した際、付き添いの看護婦に恋心を抱く。その看護婦の名は「お蓮」だった。荷風の名の「荷」は蓮も意味する。「お蓮」に因んで、作家名を、蓮の花が風にそよぐ様に見立て「荷風」と号することにした。

進級が同級生に遅れたことで、荷風は孤立感を味わい、学業への関心がさらに薄れていった。転地療養のため、小田原の病院や逗子の別荘で暮らす。療養中、荷風は蔵書や貸本の小説類、文学雑誌を読み耽った。「水滸伝」「西遊記」「八犬伝」「牡丹灯籠」「鼠小僧」などが含まれ、母恆が好んでいた尾崎紅葉などの小説も読んでいた、という。

この間の事情について荷風は後年、「わたくしは病のため一時学業を廃したことがあった。もしこの事がなかったなら、わたくしは今日のように、老に至るまで閑文字を弄ぶ如き遊惰の身とはならず、一家の主人ともなり親ともなって、人間並の一生涯を送ることができたのかも知れない」と述懐している。

久一郎が文部省勤めの時、一家は著名人の屋敷が多かった麹町一丁目に広壮な邸宅を借りて住んだことがあった。近所の人の目には、妻恆は「痩せた背の高い上品な夫人」、息子荷風は「痩身の貴公子」に映っていた。

中学時代、後年の荷風の反骨精神を彷彿させるエピソードがある。

荷風の同級生に後に陸軍大臣などを務めた陸軍大将寺内寿一（ひさいち）、東条内閣の鉄道大臣八田嘉明などがいた。寺内は長州軍閥の雄、内閣総理大臣などを歴任した元帥で元陸軍大将寺内正毅の長男だった。

荷風は、同窓会雑誌に「奢侈論」という突飛な文章を投稿した。日清戦争前後の軍国主義が幅を利かし始めた時勢だっただけに、その内容に同級生たちが驚いた。硬派の寺内らはこの投稿に怒り、壮吉ら軟派とみられた同級生を校庭に引っ張り出し、みんなの前で鉄拳制裁を加えた。壮吉は殴られた後、教室に戻り、荷物をまとめて、さっさと帰宅した、という。

鉄拳制裁を加えた寺内寿一について、荷風は陸軍・皇道派の青年将校が決起した二・二六事件直後、昭和十一年三月十八日の断腸亭日乗に「一橋の中学校にてたびたび喧嘩したる寺内寿一は軍人反乱後陸軍大臣となり自由主義を制圧せんとす」と記している。「歴史探偵」の半藤一利氏は「永井荷風の昭和」の中で「寺内が育ちのよさ、相貌の柔和さにもかかわらず、所詮は政治的人間であり、圧政的な人物であり、容赦ないところのあることを、荷風さんはわかっていたようなのである」と書いている。

寺内は、決起した青年将校の黒幕とみられた皇道派の領袖で、反長州閥だった真崎甚三郎大将の逮捕と、軍法会議での厳罰を強行に主張した。同事件後、「軍部大臣現役武官制」が復活し、陸海軍大臣は現役の大将・中将に限る、とされた。軍部が内閣の生殺与奪の権を握り、政党政治は息の根を止められた。才気のない、凡庸な人の評のあった寺内寿一は、太平洋戦争末期、南方軍総司令官で、陸軍最高位の元帥だった。昭和二十一（一九四六）年六月、マレーシアで戦犯として拘留中、亡くなる。六十六歳だった。

一方、荷風は中学時代に同級生井上唖々（本名井上精一）を知り、生涯の友を得た。井上は第一高等学校から東京帝大独文科に進んだ。が、病気のため学業の継続をあきらめた。書店に勤めるなどして辛うじて生計を立て、荷風の文芸誌出版を手助けしたりした。荷風同様、狭く汚い街を好む「陋巷（ろうこう）趣味」があった。立身出世を嫌い、清貧に甘んじて大正六年、四十六歳で亡くなっている。

荷風は日曜日に通った漢詩の講義の席で井上と知り合った。井上を偲んで荷風が書いた作品に「梅雨晴」（大正十二年）がある。荷風が第一高等学校の受験に落ち、外国語学校で支那語を学んでいた当時の懐古話だ。井上は第一高等学校二年生であった。

井上が質店から「資治通鑑（しじつがん）」という稀本五十幾巻を盗み出し、背負ってあえぎながら九段阪を上って来るのに荷風は偶然、出くわす。自宅から同様に稀本を持ち出し、質屋で遊興費をつくっていた荷風は「そうか。えらい」と手をたたいて井上を褒め、馴染みの質屋に持ち込む。しかし、冷たくあしらわれ、今度は金貸しをしていた煙草屋に持ち込み、金策に成功する。この金を持って二人は遊郭に飛んで行く。

「放蕩息子」になりかけていた荷風と親友との武勇伝だ。明治三十(一八九七)年三月、荷風は中学を卒業し、同年六月、第一高等学校を受験したが、不合格となった。久一郎は、荷風が同学校に入って東京帝大に進み、将来は自分に続いて官僚の道に進むか、実業界に遊飛することを期待していた。一方、荷風は数学が苦手で、第一高等学校の受験に始めから自信が無かった。

久一郎にとっても同年三月は人生の大きな節目だった。文部省会計局長のポストを最後に官僚人生に幕を下ろしたからだ。久一郎は、霞ケ関・中央省庁の実務官僚として明治政府の近代国家づくりに貢献した。しかし、薩長閥中心の明治政府にあって、徳川御三家の一つ、尾張藩の出身者には立身出世に限界があった。実力に見合った待遇を受けたとは言い難い。久一郎は、宰相経験者、西園寺公望、伊藤博文の勧めで同年四月、三菱財閥の日本郵船に天下りし、上海支店長として実業界に転じた。

久一郎の官僚としての実績は数々ある。内務省衛生局時代に日本政府代表としてロンドンで開かれた万国衛生博覧会に出席。欧州各国の衛生事情も視察した。明治十年以降、日本国内でもコレラが流行し、保健衛生施設の無いことが各国から「野蛮国」と批判された。久一郎は衛生行政の重要性を説いて回り、わが国の衛生、上下水道行政の草分けとなった。

文部省では共立女子大の前身、共立女子職業学校の創立にも尽力。文部大臣の官房秘書官時代には教育勅語の起草にも当たった。「禾原・来青」の号を持ち、漢詩人としても知られた。儒学、欧米の実情にも通じた当時、稀な「漢魂洋才」の教養人だった。

久一郎は荷風の第一高等学校不合格で大きな失望を味わった。永井家の家督を預かることになる長男荷風が今後、どんな人生を歩むのか、夜も眠れないほど心配した。「貴様見たような怠け者は望みない。もう学問なんかよしてしまえ」。久一郎はこう言って荷風を度々叱りつけた、という。

二男貞二郎、三男威三郎が順調に育ち、家庭内では「愚兄賢弟」の様相となった。荷風も親の期待に反して引け目を感じ、畏怖する父久一郎が支配する家庭の中で居場所が失くなっていった。荷風と久一郎との、親子の愛憎を内包した長年にわたる確執劇が始まって行く。

久一郎は明治三十年四月から同三十三年二月までの間、日本郵船の香港支店長として海外に赴任した。荷風も家族の一員として上海に行き、そこで三カ月暮らした。帰国後、荷風は神田錦町にあった高等商業学校附属外国語学校清語科に入学する。しかし、遊興と文学の道に傾斜していく中で、学校に行かなくなった。結局、三十二年三月に除籍となる。久一郎が香港に赴任している間、荷風は東京・麹町一番町の広壮な屋敷で父からの呪縛を逃れ、あてどもない「自分探し」に明け暮れる。

第一高等学校の受験前、十八歳で荷風は初めて遊郭・吉原に足を踏み入れた。樋口一葉の「たけくらべ」、広津柳浪の「今戸心中」を読んで感動し、遊郭に多大な興味を抱いていた。二作品とも明治二十年代に発表されている。荷風は後々まで「たけくらべ」を「一葉女史ごとき文才があったならば…」と名文と称え、森鷗外も「此人にまことの詩人という称をおくることを惜まざるなり」と激賞している。また荷風は「今戸心中」を「柳浪氏の作品に一番敬服した。その頃の私の作物は思想、形式、取材共に、ことごとく当時の柳浪氏に模倣して至らなかった」と述べている。

「たけくらべ」は吉原遊郭の街に暮らす勝気な美少女美登利と僧侶になる少年信如との淡い初恋を遊郭の風情を織り込み、情緒豊かに綴った一葉の傑作。後の荷風の作品「すみだ川」のモデルになった、とされる。一葉は明治二十九年、肺結核のため二十四歳の若さで亡くなった。

「今戸心中」は、情人の男性客に去られ、悲嘆にくれていた吉原遊郭の娼妓吉里（よしざと）が、ほどなく毎晩通って来た、好きでもなかった古着屋の主人と心中したのは何故か、その動機を主題とした作品。苦界に生きる娼妓の揺れ動く女心と、遊郭ならではの人情の機微を描いた名作だ。「今戸心中」は親友井上唖々に勧められ、知った。「遊意止みがたく」吉原を知った荷風は以後、洲崎、品川、板橋など都内の遊郭を渡り歩くことになる。

荷風は明治三十一年九月、二十歳の時、「簾の月」という草稿を持って、崇拝する作家広津柳浪を自宅に訪ね、門下生を願い出た。柳浪は当初「小説家なぞにならんと思立つは大なる心得違いなり。邪道に踏み迷はば他日必ず後悔臍をかむ事あらん」と断る。しかし、熱心な申し出にほだされ、「暇あらん時遊びに来られよ。」と応じた。処女作の小説「薄衣」を柳浪と合作で発表し、作家として第一歩を踏み出すことになる。後年、柳浪は息子廣津和郎に「永井は最初からズバ抜けて才能があった」と語った、という。作家としての荷風の才能に最初に気付いたのは柳浪だったのかもしれない。

翌年には朝寝坊夢楽という落語家の弟子になる。「三遊亭夢之助」と名乗り、師匠の荷物を背負って都内、近辺の寄席を回った。しかし、永井家お抱え車夫の女房に楽屋に出入りしていることを見つけられ、即刻、永井邸に連れ戻され、謹慎処分となる。

さらに明治三十三年二月、荷風は両親に内緒で劇作家として活躍していた福地桜痴の門人となり、歌舞伎座作者を目指した。本気で狂言作者になろうとし、毎晩、日比谷公園で拍子木の打ち方を練習した。

荷風は見習い作者であったが、雑誌に「歌舞伎座の春狂言」などと題して投稿し、歌舞伎座の因習めいた内情を暴露した。このため歌舞伎座関係者からひんしゅくを買った。荷風の反骨精神がここでも窺われた。翌年、師の福地桜痴は歌舞伎座を去り、やまと新聞社の主筆に転じた。桜痴の愛弟子で歌舞伎狂言作者だった榎本虎彦とともに荷風も同新聞社に移り、記者となった。

無給ではなく月給十二円を貰い、小説を連載するなどした。しかし、ここも半年弱で突然、解雇される。歌舞伎座復帰を目指したが、果たせなかった。止むを得ずフランス語の勉強のため暁星学校の夜学に通い始めた。

やまと新聞時代、幕府の遣欧使節団員として渡欧したことのある桜痴や、虎彦からフランス文学やフランスを代表する自然主義作家・エミール・ゾラを教えられた。ゾラをいち早く知ったことが大きかった。荷風は西洋文学に着目し、新しき小説家として踏み出そう、と決意を固めて行く。

明治三十六年正月、市村座で森鴎外の「玉篋両浦嶼（たまくしげふたりうらしま）」という作品が上演された。観劇していた荷風は幕間に、桟敷席で葉巻をくゆらせていた鴎外に紹介され、初対面の挨拶をした。その時の感激を「先生その時微笑して余を顧み、地獄の花はすでに読みたりと言われき。余文壇に出でしよりかくの如き歓喜と光栄に打たれることなし」と「書かでもの記」（大正七年）に記した。

「地獄の花」は、乱れた上流社会のある家庭に、家庭教師として招かれた婦人が堕落していく過程を描いた。ゾラやモーパッサンを知った荷風が、初めて試みた自然主義的な作品だった。

荷風は同九月二十二日、横浜港から日本郵船の信濃丸で渡米した。二十四歳だった。父久一郎は当時、日本郵船の横浜支店長の要職にあり、御曹司の荷風は一等船客として乗船した。荷風の洋行は、久一郎が放蕩息子とみた荷風の将来を案じて考えた結論だった。

久一郎は、荷風が第一高等学校の受験に失敗したことから、息子が官僚の道に進むことはあきらめた。次善の策として何とか実業界で活躍できないかと望みをつないでいた。荷風を洋行させ、箔を付させようという親心からであった。当初二年を予定したが、結果的に五年の遊学となった。

一方、荷風は傾倒していたフランス文学の地を実際に一度は踏みたい、その一心が遊学の大目的だった。しかし、畏怖する久一郎にはその思いを吐露できず、胸に秘めて、成り行きまかせで米国へ旅立った。

第四章　「あめりか物語」
＝一躍文壇の寵児に＝

永井荷風は約五年の歳月を米仏両国の遊学で過ごし、明治四十一（一九〇八）年七月、パリからの船旅でロンドン、香港経由で神戸港に帰国した。父久一郎の指示を受け、末弟威三郎が出迎えた。威三郎は東京帝大農科大学実科を卒業したばかりで、金ボタンの制服姿だった。

父の期待を裏切った長男。父の教えを忠実に守って勉学に励んだ優等生タイプの三男。見事な対比の兄弟の久方ぶりの出会いだった。しかし、荷風は、威三郎を差し向けた、父久一郎らしい早手回しの出迎えに、早くも父の重圧を感じ取り、心が塞がった。

荷風は末弟とともに神戸から鉄路新橋に着き、東京府牛込区余丁町の両親が待つ家に入った。この家は、久一郎が明治三十五（一九〇二）年に構えた広大な邸宅で、敷地は千坪余。杉、枳殻（からたち）の生垣で囲まれ、正面に黒門があった。邸内に入ると、前庭、麦畑、テニスコートも。二階建ての家を久一郎は別号にちなみ「来青閣」と名付けた。「来青閣」は東京監獄（後の市谷刑務所）の裏手だった。明治四十四年一月、「平民新聞」の無政府主義者・幸徳秋水ら大逆事件の死刑囚十二人がこの東京監獄で処刑されている。

荷風が自邸に戻った夜、帰国を祝うささやかな酒宴が開かれた。母方の鷲津家を継いだ牧師の次弟貞二郎も顔を見せた。この席で荷風が驚いたのは、母恆のやつれようだった。六十歳になった父久一郎は、口ひげが少し白くなったものの、顔色は赤金色に輝き、精力家そのものの姿で変わりなかった。しかし、愛する母恆は一気に老け込み、「小さくしなびたお婆さん」になっていた。「江戸の生まれで大の芝居好き。長唄が上手で琴もよくひいた」という面影はすっかりなくなっていた。荷風が洋行する前は母恆について「お姉さんですか」と聞かれたこともあった、と荷風は書いている。

母に連れられ、乳母に抱かれ、久松座、新富座、千歳座などの桟敷でうなぎ飯を食べたこと、冬の日の置炬燵で、母が買い集めた彦三、田之助の錦絵を広げ、芸術談を聞いたこくなった。

となど母との思い出が蘇った。変わり果てた母を見たショックで、荷風は箸を取る気もな

「日本に帰国したらどうして暮らしていくか」。

万事を忘れ、音楽に聞き入っている時。恋人との接吻に酔っている時。若葉の蔭からセー

ヌ河の夕暮れを眺めている時。そうした我を忘れる悦な状況の時でも荷風にとって、この

命題だけは脳裏から離れない大問題だった。

帰国翌年の明治四十二年三月、「早稲田文学」に発表された「監獄署の裏」という作品に、

この当時の悩める荷風の真情が率直に書かれている。

帰国祝いの翌朝、荷風は久一郎から「将来の方針」を質問された。荷風は父の質問を「父

は厳格な人です。勤勉な人です。悪を憎む事の激しい人です。いかにして男子一個の名誉

を保ち、国民の義務を全うすべきか」という意味にとらえた。

語学の教師になろうか。新聞記者になろうか。芸術家となろうか。巷の車引きはできる

だろうか。思い浮かぶ職業を次々と自問自答してみた。

たどり着いた結論を荷風は勇気を出し、父に向かって答えた。

「世の中に何にもする事はない。狂人か不具者と思って、世間らしい望みを託してくれぬように」

この返答に対し、久一郎も負けずにストレートに自分の考えを述べた。

「新聞屋、書記、小使だのと、つまらん職業にわが児の名前を出されては一家の名誉に関する。家には幸い空き間もあり食物もある。黙っておとなしく引っ込んでいてくれ」

父子のやりとりは一見、「売り言葉に買い言葉」の反目ともとれる。しかし、三十歳を前にした荷風が父親に「もう構ってくれるな」と啖呵を切ったことで、一高受験に失敗してから表面化した「父と息子」の長年にわたる確執は、具体的な形で一応の決着をみた。

「黙って自宅に居ろ」との久一郎の言葉は「もう、お前の好きなようにしろ」との意味合いにとれた。作家志望の堅い決意に久一郎が折れ、ついに暗黙の了解を与えた、とみておかしくはない。

「僕も淋しい人の一人だよ。親爺の手前をごまかす為めに役所か会社に出やうかと思っている」「金の工面さへつけば一日も早く長屋でも借りたい下宿でもいゝ」

荷風は帰国直後から親友の井上啞々に宛て複数の葉書を出し、苦衷の胸の内を訴えていた。大久保余丁町の邸宅で部屋住みの居候のような生活を余儀なくされていた。鬱屈する気分をまぎらわすため東京の街中を歩き回った。

荷風は「監獄署の裏」で神戸港に出迎えてくれた弟威三郎の姿を見た時の気持ちに触れ、荷風ならではの家族観を次のように記している。

私は顔を隠したいほど恐縮しました。同時に私は親の慈愛にあきあきしたような心持もしました。親はなぜ不幸なその児を打ち捨ててしまわないのでしょう。児はなにゆえに親に対する感謝の念にせめられるのでしょう。無理にも感謝せまいと思うと、何故それが我ながら苦しく空恐ろしく感じられるのでしょう。ああ、人間が血族の関係ほど重苦しく、不快極まるものはない。親友にしろ恋人にしろ、妻にしろ、それは自己が一度意識して結んだものです。しかるに親兄弟の関係ばかりは先天的にどんな事をしても絶ち得ないものです。絶ち得たとしても堪えがたい良心の苦痛が残ります。実に因果です。

私は一旦弟の顔を見ると、同じ血から生れて、自分と能く似ているその顔を見ると、何ともいえない残酷な感激にせめられました。いわれぬ懐かしい感情と共にこの年月の放浪の悲しみと喜びと、すべての活き活きした自由な感情は名残もなく消えてしまったような気がしました。

八月に入り、博文館から「あめりか物語」が出版された。米国滞在中に書き紡いだ二十一篇の短編小説だ。一部は既に「文芸倶楽部」「太陽」などに掲載されていたが、前年の冬、フランス・リヨン市に滞在中、序文を付して恩師巌谷小波に郵送。出版を依頼していた。

「あめりか物語」の出版で荷風を取り巻く状況は劇的に一変した。「あめりか物語」が大変な評判を呼んだのだ。一躍、荷風は「文壇の寵児」となり、「新帰朝者文学の旗手」と称せられた。「作家荷風誕生」というべき一大転機が荷風に訪れた。

「あめりか物語」は明治三十六（一九〇三）年九月、渡米し、シアトル入りしてから明治四十年（一九〇七）九月、ニューヨークから仏国・リヨン入りするまでの丸四年間にわたる米国滞在中のいわば「見聞記」だ。二十歳代の若者・荷風が広いアメリカ大陸を西から東へ旅した記録とも言える。大きな夢を抱いて渡米したものの零落した日本人の生活ぶり、広大な自然、万国博、人種差別、大都会の貧民窟など初めての異文化体験を旺盛な好奇心で書き綴っている。

北西岸ワシントン州のシアトル、タコマから、中西部ミシガン州のカラマズー、イリノイ州のシカゴ、ミズリー州のセントルイス、大西洋岸中部の首都ワシントン、北東岸ニューヨーク州のニューヨークが短編の舞台となっている。

米国滞在の四年間は、荷風にとってフランス文学の聖地パリに赴くための助走期間であった。文学者として生きる道を一人で悩みながら自問自答した日々だった。父久一郎から仕送りを受け、金銭的に不自由することなく、銀行への就職など手厚い保護を受けながらも、父の期待とは真逆の文学者の道を最終的に選択した時期だった。

シアトルで荷風は久一郎が手配した古谷商店という会社のタコマ支店支配人の自宅に寄ぐうし、地元の高校でフランス語を勉強した。翌年には人口二万ほどのミシガン州カラマズーに転居。カラマズー大学で聴講生として英文学、仏文学を約八カ月間、学んだ。

同地の日本人は荷風以外に聖書研究をしている男性一人だけだった。荷風は、三十代のこの男性を主人公に「岡の上」という作品を書いている。主人公は父親から財産を譲り受け、社会改良家として活躍していた人物。浮世の快楽には近付くまい、と決心して、信仰心の篤い看護婦の女性を妻に選んだ。しかし、石のように冷たい妻との生活に疲れ、妻を日本に残し、米国に渡る。基督教の深い信仰によって安心を得たい、と思う一方、浮世の快楽を断つことができるか、煩悶を繰り返していた。

「野路のかえり」という作品は、タコマに近いワシントン州の精神病院に入院している日本人男性をめぐる「怖い話」だ。シアトルには新大陸・米国で一旗揚げよう、と故郷を捨て、渡米した日本人の出稼ぎ労働者が大勢居た。米国帰りの成金らの誇大な話に釣られた人々だった。こうした人々を獲物として待ち構えている周旋屋、宿屋の客引き、醜業婦密輸入者などもいた。

主人公は和歌山から渡米した夫婦。周旋屋の斡旋で妻は市内の洗濯屋、夫は市から離れた山林の木こりに雇われた。夫の木こり仲間三人はしばらくして、市内では女を連れ去らって売る女衒商売をしている悪い連中がいるから奥さんを呼び寄せろ、と誘う。妻が山林の小屋に来ると、しばらくしてきこり仲間は「ちょっとお願いがあるんだ。今夜一晩媾を貸して貰いてえんだ。お前さんは乃公たちの持っていねえものを持っているから、それを分けてくれというんだ。」と迫った。夜半、小屋の中で一声女の悲鳴が上がり、夫は失神して倒れた。その後夫は蘇生したが、気が狂い、精神病院に収容される身となった。

「酔美人」はセントルイスで開かれた万国博覧会を見物した際、案内してくれた米国人画家が打ち明けた友人のフランス人の新聞記者の話。このフランス人は、男は女性からどれだけ快楽を得られるか、を研究していて、その実践中、若死にした、という。フランス人が最後に虜になったのは芝居小屋で何気なく出会った黒人の踊り子。フランス人は白人女性とどう違うのか、と最初、戯れながら遊んでいた。が、いつしか立場が逆転し、踊り子の身体を包んでいる、怪しい見えざる力に支配され、やせ衰え、病気にかかって亡くなった。

首都・ワシントンを舞台にした「林間」という作品は、白人による黒人蔑視、差別がテーマ。荷風はホワイトハウス、議事堂などを見学。市全体が公園のごとく深い楓の木立に覆われている美しさに感動する。その一方、市内を徘徊する黒人の多さに驚く。

散策中、若い女性のすすり泣く声を耳にする。そして男女の言い争う話を盗み聞きすることになる。それは、白人兵卒が上官である将校の家で働くハーフの黒人女性と親しくなりながら、一方的に彼女を捨て去るシーンだった。残酷な話に忍びない気がして荷風はその場を立ち去る。しかし、別の場所でこの兵卒をまた目撃する。その兵卒は友人の兵卒に「その娘ツていうのは、男が好きなんだ。だから、お前さんがさんざん遊んだ上句に、厭になったら、直ぐ誰とでもいい。お前の代わりになるような男を押し付けて逃てしまえば、それまでの事よ。」と紹介していた。

荷風の陋巷趣味を代表する作品が「支那街の記」だ。大都会ニューヨークの猥雑な裏街の表情を明治期の日本人として初めて描写した記念すべき短編だ。フランス・自然主義の文豪エミール・ゾラやモーパッサンに代わって、この時期、荷風が傾倒していたのは詩集「悪の華」で有名なフランスの十九世紀の詩人シャルル・ボードレール。「支那街の記」は卑猥、耽美、背教的な近代人の苦悩を詠った「ボードレールの世界」そのものに酷似している。亡父の遺産を散財し、破滅的人生を送ったボードレールの生き方にも荷風は共鳴していた、と思える。

この作品で荷風が紹介しているのは、貧民窟の中の貧民窟というべき「支那街」にある女郎たちの住む裏長屋である。「支那街」はブルックリン大橋手前の淋しい倉庫街を行き尽くしたイタリア移民街の先のひと区画。

物の腐敗する耐え難い臭気とアヘンの香気が漂う四、五階の長屋に米国社会で最も下層な人種とみなされていた支那人だけを相手にする娼婦が生活していた。今はただ「女」という肉塊だけを奈落の底に投げ込み、悲しいこと、嬉しいことも忘れ、欲も徳も失くした女性たちだ。

荷風はこの女性たちが人間の堕ち沈みられる果てかと思ったが、さらにそのまた下に下があったことに驚く。それはねじ曲がった身体に襤褸（ぼろ）をまとい、腐った蠣（かき）のような眼に目ヤニを流し、白髪を振り乱している老婆の一群だった。長屋の廊下の片隅、床下、共同便所の物陰に潜み、娼婦たちの世話を多少することで物乞いし、明日をも知れぬ命をつないでいる女たちだった。娼婦たちのなれの果ての姿だった。

「あめりか物語」が出版された当時、日本の文壇は「早稲田文学」を拠点とする自然主義文学が隆盛を極めていた。「自然主義にあらざれば文学にあらず」という様相だった。自然主義文学では、明治三十九年、被差別部落問題を扱った島崎藤村の長編「破戒」、翌四十年の田山花袋の「蒲団」が代表作とされる。「蒲団」は作家志望の若い女性弟子との性愛に苦悶する作家を描き、自然主義が私小説に転じて行くきっかけになった作品ともいわれた。

「あめりか物語」を中学四年の時、読んで作家になることを決心したのが「三田文学」の作家小島政二郎だ。「小説　永井荷風」の中で、小島は「あめりか物語」に接し、その作者永井荷風を知った時の衝撃を縷々語っている。

新しい時代が、古い時代と交替しつつあった。日露戦争に勝った日本は、国運隆々、実業界も、経済界も、面目を一新しようとしていた。「あめりか物語」は丁度そういう時代に投じられたのだ。感覚、官能のみずみずしさ、抒情味豊かな、色彩に富んだ、描写の新鮮な流れるような文章。素材の新しさ。自然派の文学にはなかった新しさ、新鮮なリズム、奔放な空想、濃厚な描写力、適度な物語性、そういう多種類な要素が私達を悩殺した。

荷風が「あめりか物語」と「ふらんす物語」とを土産に、パリから帰って来た当時の颯爽とした姿を私はみんなに見せたかった。それには、それまでの文士の一般的な姿を語っておかなければ、彼のハイカラな、いかにも新帰朝者らしい、フランス文学を体全体に浴びて来た、小説家というよりも最も新しい詩人が発散する新鮮な雰囲気を感じ取ってもらえないだろう。

自然主義が天下を取った頃の小説家は、みな和服で、地味で、野暮な田舎者揃いだった。田山花袋は上州生まれ、徳田秋声は金沢生まれ、島崎藤村は「木曽路はすべて山の中」の生まれ。正宗白鳥は岡山県の生まれ。大きくって立派なのは花袋一人で、あとの三人は風采のあがらぬ小男だった。

荷風は六尺近い上背があり、アメリカ仕立てかフランス仕立てか知らないが、リュウとした黒の背広に、黒のボヘミヤン・タイを牡丹の花のように大きく風に靡かせていた。髪は長く、パリの貴婦人のスカートの裾のように左右に軽くフワッと捲れ上がっていた。こんな人目に立つ姿で銀座を闊歩した文士は彼以外に一人もいなかった。文士に限らない、こんな派手な恰好をした紳士は恐らく一人もいなかったろうと思う。

今の青年は笑うかも知れない。当時は「三文文士」と言われて、文士は貧乏と極まっていた。世間では文士には貸家もかしてくれなかった。明治、大正の小説家で、自分の家を持っていた人は一人もいなかったろう。

小説家にはなりたい。が、食うや食わずの貧乏暮しはイヤだった。若し「あめりか物語」に魅了されなかったら、私は会社員か銀行員かになっていたに違いない。「あめりか物語」は私に貧乏暮しの恐れを忘れさせ、今まで両親にそむいたことのない従順な子供にその決心をさせた——

翌年の明治四十二年、三十歳の荷風は旺盛な筆力を示し、「狐」「深川の唄」「監獄署の裏」「ふらんす物語」「新帰朝者日記」「すみだ川」など注目すべき作品を次々と発表した。自然主義文学の拠点「早稲田文学」が過去一年、活躍した「文芸の士」に対する「推薦之辞」で荷風の名を挙げ、称賛した。自然主義文学が席捲する文壇で、反自然主義の作品が評価される異例の出来事だった。文壇に新風を吹き込む気鋭の作家として俄然、注目を浴びた。

その後、荷風は宰相西園寺公望が自邸で催していた、文壇の名士を招いて懇談する「雨声会」に招かれた。森鷗外、広津柳浪、巖谷小波、島崎藤村、泉鏡花、田山花袋ら大家と呼ばれる作家が列席した。荷風は最年少だったため、緊張した面持ちで紋付羽織袴姿に身なりを整え、列席者に加わった。フランスに留学経験があり、自由主義者であった西園寺と、米国留学経験者の荷風の父久一郎は兼ねてから懇意な間柄であった。

「雨声会」の席上、西園寺は荷風の姿を見て、「君のお父さんには君のことで随分泣かれたものだよ」と笑って話した、という。息子の将来を案じる久一郎が西園寺にまで相談していたことが分かるエピソードだ。荷風は文壇の名士となって、やっと父久一郎からの束縛から解放される身を実感した。

「あめりか物語」の出版を契機に作家活動にまい進した荷風だったが、帰国直後から祖国日本の現状に強い違和感を覚えていた。「富国強兵」「殖産興業」の名の下、欧米列強に追いつくことに奔走する薩長閥中心の明治新政府。その近代化の国策は荷風の目には、いかにも「浅薄、皮相なもの」に映った。庶民の暮しも変わらず貧しく見えた。横柄に振舞う軍人に反感を覚えた。江戸時代以来の静謐、調和美に包まれていた帝都・東京がゴタゴタと日々、醜悪な景観に変貌していく様にも深く失望した。そのことになんら疑問を抱かない市民にも落胆していく。

こうした荷風の内面を吐露した作品が明治四十二年二月、発表された「深川の唄」とされる。

帰国から両親の家に居候状態の荷風は、どこに行くというあても無く四谷見附から築地両国行きの市電に乗った。作品で車内の乗客の様子、車掌とのやりとりなどを詳細に記述する。

無精ひげをはやした大尉とみられる軍服姿の軍人、兵卒、商人、女学生、老齢の芸者とみられる女性などが乗客だ。途中から赤児を背負った四十代の女性が乗ってくる。赤児が突然、けたたましく泣き出す。女性は襟垢だらけの襟を割って赤子に乳房を含ませる。半蔵門で車掌から乗り換えを注意された赤児の女性は、慌てて片手に赤児、片手に提灯、風呂敷包を抱えて降りかける。が、空いた席をめがけて乗って来る客たちともみ合いになり、おしめが落ちた。それを踏みつけてでも乗ろうとする客に女性が死に物狂いで叫び出す。市電はかなりの混み具合になり、三宅坂、桜田門、日比谷、尾張町、木挽町などと進んでいく。茅場町手前で停電のためか止まってしまう。先には市電が数珠つなぎで止まっている。

明治末年の帝都・東京での市電車内の何気ない日常風景を描くことによって、荷風は何を読者に訴えようとしたのか。パリの素晴らしい景観、伝統を大事にする姿に感動した荷風が、日本人の民度の低さに落胆したことは間違いない。明治政府の近代化の掛け声にもかかわらず、変わらない庶民の暮らしぶり、その厳しい現実を再認識させられる。

そして荷風は次のように慨嘆する。

茅場町の通りから斜めにさし込んで来る日光で、向角に高く低く不揃いに立っている幾棟の西洋造りが、屋根と窓ばかりで何一ツ彫刻の装飾を施さぬ結果であろう。如何にも貧相に厚みも重みもない物置小屋のように見えた。往来の上に縦横の網目を張っている電線が透明な冬の空の眺望を目まぐるしく妨げている。昨日あたり山から伐出して来たといわぬばかりの生々しい丸太の電柱が、どうかすると向うの見えぬほど遠慮会釈もなく突立っている。その上に意匠の技術を無視した色の悪いペンキ塗の広告がベタベタ貼ってある。竹の葉の汚らしく枯れた松飾りの間からは、家の軒ごとに各自勝手の幟や旗が出してあるが、いずれも紫とか赤とかいう極めて単純な色ばかりを択んでいる。

自分は憤然として昔の深川を思返した。幸い乗換の切符は手の中にある。自分は浅間しいこの都会の中心から一飛びに深川へ行こう　―　深川へ逃げて行こうという押えられぬ欲望に迫められた。

数年前まで、自分が日本を去るまで、水の深川は久しい間、あらゆる自分の趣味、恍惚、悲しみ、悦びの感激を満足させてくれた処であった。電車はまだ布設されていなかったが既にその頃から、東京市街の美観は散々に破壊されていた中で、河を越した彼の場末の一画ばかりがわずかに淋しく悲しい裏町の眺望の中に、衰残と零落とのいい尽くし得ぬ純粋一致調和の美を味わしてくれたのである。

荷風にとって深川は親友井上唖々と十六、七の頃から遊んだ特に馴染み深い土地だった。深川不動で荷風は埃で灰色になった頭髪をぼうぼうにはやした盲目の男が、三味線を抱え、歌う歌沢節に聞きほれる。深川に残る江戸伝来の風物に追慕の情を寄せた。

こうした荷風の心に内包された孤立感を決定的にしたのが、明治四十二年三月、博文館から刊行しようとした、「あめりか物語」の姉妹編ともいうべき「ふらんす物語」に対する発禁処分だった。第二次桂内閣の内務大臣平田東助の名で「右出版物ハ風俗ヲ壊乱スルモノト認ムルヲ以テ出版法第十九条ニ依リ明治四十二年三月二十七日発売頒布禁止及刻版並印本差押ノ処分ヲ為シタリ」とされた。同年九月、同様に「歓楽」が発禁処分を受けた。

荷風の恩師・森鷗外が同年七月、発表した性的自伝小説「ヰタ・セクスアリス」も発禁処分を受ける。当時、鷗外は陸軍軍医総監という要職を務めていた。しかし陸軍次官から懲戒処分を受けている。

荷風が帰国した明治四十一年七月は第二次桂太郎内閣がスタートとした時期と重なっている。同内閣は、発足と同時に社会主義的運動や思想、さらにこのような傾向の集会、出版に強硬な姿勢で望むことを内外に表明した。長州閥の元老山縣有朋の影響下にあり、「天皇制絶対主義」の姿勢が鮮明だった。その象徴が、同年十月、明治天皇の名で出された「戊辰詔書」である。

同詔書は「上下心ヲ一ニシ忠実業ニ服シ勤倹産ヲ治メ…」と国民に守るべき道徳を説いた。分かり易く言えば「上下心を一つにして、忠実に業務に励み、勤勉に倹約をして財産を治め信義を守り淳厚な風俗を作り贅沢を避け実のある質素な生活を心掛け互いにいさめあって自らを励まして生きなければならない」というメッセージだった。

平田内相が閣議で詔書案を提案した、という。「天皇を煩わせる」と一部反対があったが、日露戦争後の日比谷暴動など社会の混乱を押さえるには天皇の威光が必要、との考えが通り、閣議決定された。

同内閣は第一次から第三次まで続き、日英同盟を結んで日露戦争に勝利した他、朝鮮併合、大逆事件による社会主義者の弾圧など悪名を馳せた。桂太郎は大正二年（一九一三）年二月二十日、辞任するまで総理大臣の在職日数が二千八百八十六日に及んだ。令和元年(二〇一九)年十一月二十日、安倍晋三内閣に追い抜かれるまで憲政史上最長の内閣だった。

「ふらんす物語」が発禁処分を受けたことに荷風は「別に驚きもしませんでした」と平静を装った。発禁処分の理由は「ふらんす物語」の中の小説「放蕩」と脚本「脚本 異郷の恋」とにらんだ。

「放蕩」は、主人公が荷風の本名「壮吉」をもじった「小山貞吉」という三十代の若手外交官。ワシントン、ロンドンを経てパリ駐在という設定だ。当地の外国人娼婦などと遊楽に生きることをモットーとした外交官として描かれている。荷風は実際、ワシントンで「イデス」という金髪の白人の娼婦と知り合い、初めて西洋婦人との激しい恋を経験した。「イデス」はニューヨークに移った荷風を追いかけて来た。荷風は宿願のパリ行きをあきらめ、娼婦の世話の下、米国人の不良遊民になって暮らすことまで考えた。作品の中で「イデス」は「アーマ」という名で紹介され、その交情と煩悶の日々が綴られている。「放蕩」は明治時代の日本人青年が味わった海外渡航先での異文化体験が作品のテーマだ。

主人公は「今では日本に帰っても差支えはないのだが、余り長く海外に出ていると、日本の時勢に後れたようで薄気味も悪く、一方では、何だか失敗して田舎へ引込むような屈辱をも感じる。親、兄弟、親族、朋友などの関係が、如何にも窮屈らしく感じられる。このままいられるだけ長く、外国に遊んでいるに如くはない。その方が気楽だ。帰るとなるといやでも帰ってから先の事を考えなくちゃならん。前途を考えるに当たっては、真面目に過去を顧る煩が生ずる。顧るだけならよいが、解決の出来ない疑問が起る。疑問は煩悶だ。煩悶を避けるには、ぶらぶら無意義にやって行くが一番だ。ぶらぶらやっていくには、毎日毎日大使館を退出後、飯を食って寝るまでの間を、どうしてぶらぶらやって行くべきか、その方法考えなくちゃならん。これだけは、どうしても免れ難い義務である。」と自問自答する。

内務省の発禁処分は、文学作品に無理解な恣意的検閲であった。一般的にはどの部分が当局のご機嫌を損ねたかを推論することはあまり意味をなさない。が、「放蕩」には容易に推論できる部分があった。

主人公が日露戦争当時、ワシントンの大使館で見聞した、という外交官らの言動の記述だ。荷風は明治三十八年（一九〇五）年の七月から約三か月間、ワシントンの日本公使館で実際に住み込みの臨時雇いで働いていた。フランス行きの渡航費を少しでも工面しよう、という目的だった。

日露戦争講和条約の交渉が米国・ポーツマスで始まり、日本から全権大使の小村寿太郎外相らが渡米。ワシントンからも次席全権の公使らが現地に向かい、公使館が人手不足となった。この穴埋め要員として荷風が臨時に雇われた。ニューヨーク領事館員であった従兄の斡旋によるものだった。問題の記述部分は、荷風が当時、実際に公使館で見聞したことを下地に書いたとみて間違いない。

その記述は――。

外交官補になって、華盛頓に来ると、翌年に日露戦争が起こった。けれども自分で勇立ちたいと思うほど、どうしても勇み立つ事が出来ない。毎日、朱擦の十三行罫紙へ、上役の人の作った草稿と外務省公報を後生大事に清書する、暗号電報翻訳の手伝いをするだけだ。上役、先輩の人の口から聞かれる四辺の談話は、日清戦争講話当時の恩賞金や、旅費手当の事ばかり。人が用をしている最中に、古い官報や職員録を引張り出させて、身寄でも友達でもない人の過去った十年昔の叙爵や叙勲の事ばかり議論している。戦時の増税については苦痛を感じないが、ただ徹夜で電報受付の当直をするのが、いやなばかりに、一日も早くと、平和を希っていた。戦争の結果なぞ殆ど考慮すべき問題でない。万一負けた処で、今日では各国との国際関係から、昔のように戦敗が直ちに国の滅亡という気遣いがない。

講和大使の一行が米国に乗込んで来た。談判地へ派遣せられなかった居残りの公使館員は皆非常に不平だ。不平の原因は、国家を思う熱誠からではなくて、差詰め叙勲の沙汰には縁遠くなった虚栄の失敗から出る泣言としか、思われなかった。

ポーツマス講和条約は明治三十八（一九〇五）年九月、日露戦争の終戦処理として米国仲介の下、日露間で結ばれた条約だ。日本は日露戦争に約百八十万人の将兵を動員。死傷者約二十万人、戦費は約二十億円に達した。戦費二十億円は当時の国家予算の四年分に相当する。劇的に日本海海戦に勝利したものの、「戦争継続は困難」として米国のセオドア・ルーズベルト大統領に斡旋を依頼。同年八月、米国・ポーツマスで講和会議が開かれた。

日本国内は戦勝気分に浮かれ、ロシアから賠償金三十億円、五十億円が取れる、などの話が一人歩きしていた。条約が締結された同年九月五日、東京の日比谷公園で条約内容を不満とする「小村外交糾弾」の国民大会が開かれ、暴徒化した大衆が警察署を襲う「日比谷焼き打ち事件」が起きた。翌日、東京市などに戒厳令が布かれる。翌年一月、第一次桂内閣は総辞職。第一次西園寺内閣に交替した。同条約後、日本は「一等国」を自称するようになる。

「脚本 異郷の恋」は、米国・ニューヨークでの日本人青年と米国人女性との恋愛と、その結末をめぐる舞台劇の脚本。二十代後半の日本人青年二人が主人公だ。コロンビア大の留学生は、十代後半の由緒ある家の令嬢と相思相愛の仲。お互い結婚を約束するが、日本人青年は故国・日本の家族が国際結婚に反対する、との考えから迷った挙句、結婚を断念する。

一方、友人である、もう一人の日本人青年は二十代前半の米国人娼婦と恋に落ち、将来を悲観して二人してアヘンを飲み、ガス自殺する。コロンビア大生は、二人の穏やかな表情の遺体を前に、恋を自ら捨てた自分と、道徳・慣習に反抗して自殺を選択した友人と、どちらが正しい生き方なのか。自問自答し、苦しむ。

パーティーの席でコロンビア大生の先輩が「大日本帝国臣民」として故国を嘲笑する演説をぶつ場面、日本人苦学生が街娼宅に入り浸り、遊楽に耽るところなどが検閲に触れた、とみられる。

第五章　「文学芸者」

＝交情蜜の如し＝

「ふらんす物語」などが発禁処分を受けたことで孤立感を深めていた荷風は、明治四十二（一九〇九）年夏、銀座・木挽町の茶屋に、俳人で蔵書家だった、ある病院長に招かれた。その席で、新橋・新翁家の美人芸者富松を知る。富松は二十四歳、荷風は三十歳だった。

新帰朝者文学の作家として一躍著名人となった荷風は、政財界の要人が遊蕩していた新橋の花柳界に出入りする身分になっていた。ほどなく荷風と富松は恋仲になる。富松は浅草の呉服屋の一人娘。父が芝居好きの道楽者で娘を吉原の引手茶屋に預け、半玉のなりをさせた。富松は十七歳で店に戻り、婿養子を迎えたが、この婿養子も同じく道楽者で、呉服店は間もなくつぶれ、富松はやむなく芸者になった。

生来、荷風は臆病者だった。発禁処分で沈みがちの荷風を江戸っ子芸者の気風を持つ富松は、花柳界のしきたりを教えるなどして支えた。熱愛の末、二人はお互いの本名「永井荘吉」「吉野こう」を「そうきちの命」「こうの命」と、二の腕に入れ墨をし合った。

荷風は同年十二月、名作「すみだ川」を「新小説」に発表した。母が常磐津の師匠である中学生の長吉が、芸妓になって華やいだ女性に成長していく幼馴染のお糸に抱く淡い恋心。その切ないばかりの恋心を、江戸情緒を漂わせた、かつての墨田川沿いの風景を折り込み、詩情豊かに描いた。その前月、荷風は富松と浅草観音に朝参りした。親友井上啞々宛てに連名で葉書を出し、「今二人でおまゐりをして、それから花やしき、例のカツドウはまだあかない。帰りは舟さ。向島の見えるのがしやくだよ。十一月五日。あゝさん。さうきち、とみ」と書いた。

翌明治四十三年二月、荷風は文豪森鷗外、京都帝国大学教授上田敏の推薦を受け、三十一歳の若さで慶大文学科教授に就任した。当時、慶応義塾大学の執行部は、自然主義文学の牙城となっていた早稲田大学の文学科に対抗して、文学科を刷新すべく改革に取り組んでいた。そして教授陣充実の象徴として「主任教授は誰が適任か」を森鷗外に相談していた。

鴎外の第一候補は夏目漱石、二番手が上田敏であった。漱石は既に朝日新聞社に入社し、連載小説を書くことになっていたことから断念。上田敏もフランスから帰国後、京都帝大教授に就任したばかりだった。鴎外と上田の話し合いの結果、荷風に白羽の矢が立った。

「山のあなたの空遠く　『幸』住むと人のいふ　噫、われひとゝ尋めゆきて、涙さしぐみ、かへりきぬ。山のあなたになほ遠く『幸』住むと人のいふ。」＝（カアル・ブッセ「山のあなた」）

「秋の日のヴィオロンの　ためいきの身にしみて　ひたぶるにうら悲し
鐘のおとに胸ふたぎ　色かへて涙ぐむ　過ぎし日のおもいでや
げにわれはうらぶれて　こゝかしこさだめなく　とび散ろふ落葉かな」＝（ポオル・ヴェルレエヌ「落葉」）

詩人、評論家の上田敏は、日本の詩壇を覚醒させたヨーロッパの高踏派、象徴派の名訳詩集「海潮音」などの作者として有名だ。東京帝国大学英文科に在学中、講師の小泉八雲から「英語を以て自己を表現する事のできる一万中唯一人の日本人学生である」とその才能を絶賛された。若くして小泉八雲の後任の講師となった。鴎外とは家族ぐるみの付き合いがあった。

荷風は明治四十（一九〇七）年七月、父久一郎の計らいでニューヨークから航路、憧れの地フランスに渡り、横浜正金銀行リヨン支店勤務となる。翌年三月、同支店を退職し、勇躍パリに出た。モーパッサンの記念石像に駆け付け、「巴里滞在は文学家として僕の生涯で、一番幸福、光栄ある時代であらう。」と知人への手紙に書いた。そしてパリ滞在中の上田敏に出会う。意気投合して二人は、荷風のわずか二カ月のパリ暮しの間、カフェーでフランスの近代文学や音楽について頻繁に語り合った。またオペラなどを鑑賞して交遊を深めた。荷風は鴎外と同様、上田敏を文学上の「師」と仰ぎ、終生敬愛して止まなかった。

荷風に大学卒の学歴はなかった。が、鴎外は優秀な内務官僚の父久一郎、外祖父で尾張藩を代表した儒学者鷲津毅堂のことを十分承知していた、とみられる。そして上田敏と同様、欧米から帰国後の荷風の活躍ぶり、フランス文学に造詣が深く、新時代にふさわしい文学者として「これ以上の資格者はいない」と判断した、と思われる。

荷風は帰国後、内々、身の振り方について上田敏に「京都でフランス語の教師の口でもないでしょうか」と相談していた。これに対し上田は「只今帝都にて新芸術の華々しき活動を試みておられるではないですか。貴兄の如き芸術家を京都の如き刺激の少なき田舎に置くことはどうしても口惜しい」と答えている。

荷風は慶大文学科教授への鴎外、上田敏の推薦を思わぬことと大変喜んだ。「放蕩息子」に初めて両親に面目を施す機会が訪れたのだ。荷風は夏目漱石の依頼で朝日新聞に小説「冷笑」を連載中だった。しかし、この連載を二月に打ち切って慶大教授の招へいに応じた。出版禁止処分を受け作家としての先行きに不安を覚えていたこともあり、未経験の大学教授の道に少し気が晴れる思いも抱いた。

しかし、自身の学歴を考えた。外国語学校で清語を習い、米国の大学でフランス語を熱心に勉強し、上田敏と並びフランス語については達人の域にあった。が、第一高等学校受験に失敗していたことから、学歴は中卒だった。慶大教授という肩書は荷が重い気もした。

二の足を踏み、迷いが晴れない荷風に対し、富松は「推薦した人たちは貴方の学歴など全てを承知した上で勧めているのでしょう。あなたが学者でないことも、道楽者だってことも、女たらしだってことも、根からの小説家だってことも。遠慮するところはないじゃないの？　学者が大勢いるのに、選に選って学者でもないあなたに白羽の矢を立てたというには、何かあなたでなければならない訳があるんだと思うわ」と背中を押した。

荷風が教授に就任した当時、慶応義塾大学（当時正式には大学部）には理財科、法律科、文学科の三つの学科があった。創立者福沢諭吉が唱道した「実学」を反映して理財科が中心だった。理財科が総勢七十〜八十人の学生だったのに対し、文学科は全学年を通しても五人程度に過ぎなかった。理財科の卒業生は日本郵船、三菱商事、三井物産、横浜正金銀行などに入社して海外などで活躍する者が多く、慶応義塾の名声を高めていた。

早稲田大学の文学科は、前身の東京専門学校時代に坪内逍遥を筆頭に、創設される以前から北村透谷、国木田独歩などの文学者を輩出。文学科創設以降も島村抱月、正宗白鳥、相馬御風ら蒼々たる文学者が並んだ。また「早稲田文学」は日露戦争勝利後、日本近代文学のけん引役となり、自然主義文学の牙城として重きをなしていた。それに比べ慶応義塾の文学科は大いに見劣りがした。

荷風は六年間、教壇に立ち、フランス語、フランス文学、文学評論の講義をした。「三田文学」の主幹としても編集の責任も負い、「早稲田文学」に対抗できる文芸雑誌に育て上げた。荷風のオーラに包まれた容姿、風貌と、型にはまらない自由な講義は少数とは言え、学生たちの創作意欲を掻き立てた。

四十三年六月、荷風と富松は葛飾区の堀切菖蒲園を訪れた。ここから荷風は親友・井上啞々宛てに富松と連名で絵葉書を出した。その文章は「でんわをかけたがおるすでざんねん。夕陽の綾瀬はなかなかおつです。荷生。しんねこで一寸、とかくつれはじゃま登美松」。仲むつまじく相思相愛の様子がみてとれる。この葉書で富松が自分の名前を「登美松」と記したことには理由があった。

堀切菖蒲園からさほど遠くない、現在荒川が流れる場所に徳川将軍家の祈願所・木下川薬師（きねがわやくし）があった。そこに「登美の松」と呼ばれた有名な松があった。「登美の松」は三代将軍・家光が植えた、とされ、八代将軍・吉宗が愛妾の名にちなんで名付けた、といわれる。

地面の上を左右に約三十メートル枝が這うという見事な松だった。「登美の松」の碑は同薬師を度々訪れていた勝海舟が揮ごうしている。幕府の威光を示す三万坪もある広壮な境内だった。徳川幕府の幕臣の家系（尾張藩）である荷風が富松を連れ、将軍お手植えの「登美の松」を見学するため、足を延ばしたことが容易に推察される。

天台宗浄光寺の同薬師は、東京・東部地域を大洪水から防ぐ目的で始まった荒川の開削工事のため、大正八年、移転を余儀なくされた。現在は荒川に沿って流れる綾瀬川が中川と近接する葛飾区東四つ木の三角地帯にある。「登美の松」は昭和二十四年に枯れ、現在は二代目となっている。

荷風は同年七月、中央公論に新橋夜話の小作品「牡丹の客」を発表した。五月末の夕、小れんという芸者と二人連れで、両国の橋のたもとから舟に乗り、墨田川を通って本所の牡丹を見に行く、という話だ。小れんという芸者は富松とみて間違いない。主人公の荷風が心配した通り、五月末の牡丹はほとんどが散っていた。「本所の牡丹はこんなものか」と二人はがっかりして帰る。

若い船頭が漕ぐ荷足舟の中で、荷風と小れんとの会話のやり取りがある。そのやりとりから荷風と富松の仲がどういうものだったのか、およそ察しがつく。

自分は小れんと二人で一時築地へ家も持った事もある。しかし半年ほどで相談の上女は元の芸者になった。

「あなた、もう一度私と家を持って見ない事…いやですか」

「いやな事はない。だけれどもやはり駄目だよ。先見たように直き飽きてしまうよ。」

「そうねえ、でも私、芸者していてもつまらないから。」

「何をしても、もうつまらないんだよ。女房になって暮しの苦労なんかしたらなおつまらない。お前が三十僕が三十五、六になるまで、もう　三、四年やはり若い気で、浮いて暮らした方がというので、お前も承知の上で彼処の看板を借りて見たんじゃないか。」

「それァそうですけれど、どうかすると家を持ってる時よりかえってあなたにもご厄介をかけるから、私やっぱり内儀さんでくすぶってしまおうかと思ったの。」

「それも悪くはないがね、一度道楽したものには茶屋小屋の勘定は惜しくないが、生活の苦労と来たら実際馬鹿馬鹿しくって出来たもんじゃないよ。お前だって、何々さんの総見だとか、何々さんのお弘めだとか、どこそこの付届だなんていうと、随分よく気を付けるが、水道部の届書だとか、何とかいうと、じきに閉口しちまうじゃないか。」

「私たちは何時まで経ったって夫婦になれッこないわね。」

「そういったものでもないさ。つまり、もう少し年をとればいいのさ。惚れようとも惚れられようとも思わなくなればいいのさ。世の中の楽しみに未練がなくなればいいのさ。お互いに浮気でもされやしないかと心配したり苦労したり厭味をいったりする中が花さ。二人とも夫婦なんぞになってもならないでも、どうでもよくなれば自然と沈着て一緒になっていられるよ。」

「つまらない世の中ね。」

「ああつまらないさ。」

荷風は富松と逢瀬を重ねる中、もう一人の新橋の売れっ子「文学芸者」、巴屋八重次を知る。そして人目を忍んで密会するようになった。荷風の生来の浮気性が出たのだ。荷風は新橋の花柳界でも、とにかくもてた。人気作家の上、長身で容貌、身だしなみも申し分なかった。女性の心を捉える術にも長けていた。「卯の年に生まれて、九星『四緑』に当たるものは浮気にて飽き易き性なり」と自身の性分を言い、「僕はこの星の男なり。半年と長続きしたる女はなし」と自嘲気味に話している。

荷風は昭和十一年一月三十日の「断腸亭日乗」で、「余が帰朝以来馴染みを重ねたる女を左に列挙すべし。」と、女性十六人、また「この他臨時のもの挙ぐる」と、女性三人の名前を明らかにした。十六人の中に富松、八重次の名も「三　吉野こう」「四　内田八重」と書かれている。名前の後にそれぞれ注釈めいた記述があり、富松の場合は「新橋新翁家富松明治四十二年夏より翌年九月までこの女の事は余が随筆『冬の蠅』に書きたればここに贅せず」。八重次は「新橋巴屋八重次明治四十三年十月より大正四年まで、一時手を切り大正九年頃半年ばかり焼棒杭、大正十一年頃より全く関係なし新潟すし屋の女」と記されている。

この日の日記は、自宅で雇っていた下女が洗濯代、新聞代、また自分で購入した酒代などの勘定を払わず行方不明となり、勘定を取りに来る者があって困っている様子を記述。「貸したものも催促せぬ代り借りたものも忘れて返さぬといふような万事無責任なる行をなすものは日本人の特徴の一ツなるべし。三、四十年来の事を回想して手切金を取らずに去りし女まづこの一人なるべし。」と書いた後、唐突に、過去に関係した女性たちの名前を列記している。

「断腸亭日乗」は、荷風が推敲に推敲を重ねた上で書き記した日記形式の文学作品。いずれ公になることを意識して書かれた、とみられる。関係した女性の列記は「荷風の露呈趣味」と言えばそれまでだが、何事にも用意周到な荷風にしては、突然、女性の名を列挙した意図が伝わって来ない。芸者、女給など玄人の女性たちだが、一方的に名前を挙げられた女性にしてみれば、何とも迷惑千番な話ではないか。

荷風の父久一郎も同時期、日本郵船横浜支店長の要職を務め、社用で新橋の茶屋に出入りしていた。日本郵船が贔屓にしていた茶屋が新橋・木挽町にあり、社長近藤廉平らが毎夜のように出遊していたからだ。その茶屋は三菱財閥の新橋の拠点でもあった。三菱財閥のあまたある企業の中でも日本郵船は三菱重工と並んで筆頭格の企業であった。明治政府の要人、経済人は江戸芸者の本場であった日本橋・柳橋を嫌い、新時代の遊蕩場として新橋の花柳界に肩入れしていた。作家荷風ではなく、荷風の名は久一郎の息子としても新橋・花柳界に知られていた、とみられる。

荷風の八重次との浮気は間もなく富松の知るところとなった。富松は艶っぽい、浅草育ちの気っぷの良い江戸っ子芸者だった。一方、八重次は売れっ子とは言え、まだ新橋では売り出し中の芸者。富松同様、美人だったが、小柄で新潟弁が抜け切らなかった。富松はいわば格下の芸者に荷風を寝取られたことに我慢がならなかった。

富松はある日、荷風に啖呵を切って別れた。小島政二郎の「小説　永井荷風」によると、その場面の様子は以下の通りだ。

銀座の洋食屋の二階で、遅く起きた荷風と八重次が普段着のまま食事をしていると、足音荒く階段を駆け上がって来た者があった。仕切り口が開いて、姿を見せたには、これも普段着のままの富松だった。流石に二人は体を堅くして、ナイフとフォーク持った手が動かなくなった。

しかし、富松はふだんとちっとも変わった表情をしていず、声もいつもの調子で、「ちょいと先生ー」と軽く呼び掛けた。

「ねえ、食い下がりだけは見ッともないわよ」

鋭くそう言い放つと、富松はそのままクルリと向きを替えて、サーッと降りて行ってしまった。アアもスウもなかった。一ト太刀見事に切りおろした形だった。

富松は九月、金持ちの旦那に落籍され、荷風の下を去った。わずか一年余の熱愛劇だった。巷間、愛想を付かした富松が荷風を見限ったことになっているが、富松は荷風への未練をなかなか捨て切れなかった。結果からみれば、荷風は富松より八重次との関係を優先した、ということになる。その後、富松は小料理屋を始めたりしたが、再び赤坂、新橋などで芸者に戻った。しかし、肺病を病み、三十四歳の若さで亡くなり、谷中坂町の寺に葬られた。

八重次は明治四十二年一月、新潟の妓楼「庄内屋」の養母の許しを得て再度、上京。藤間流家元二世藤間勘右衛門の弟子となり、日々、厳しい稽古を重ねた。翌年五月、晴れて藤間流の名取を許され、名を藤間静江から静枝に改めた。これが八重次の後半生の転機となる。お抱え芸者から独立して「巴屋」の看板を出し、ひとり立ちの新橋芸者・八重次として座敷に出れるようになったからだ。

八重次は新橋芸者としては駆け出しだったが、並みの芸者ではなかった。新潟・古町の妓楼「庄内屋」の養女として五歳の時から遊芸をしこまれ、十四歳で「文芸倶楽部」の口絵を飾る全国の名妓の一人に選ばれていた。新橋芸者になり立ての頃、新潟の富豪の息子で慶大生だったお坊ちゃんと深い中になり、同棲したものの、相手は良家の令嬢を迎え、捨てられる、という苦い経験も味わった、という。

艶聞となった男性遍歴は、川上音二郎一座の座長音二郎、脚本家江見水蔭、狂言方花房柳外、新潟県知事から東京府知事になった人物、名力士荒岩など名だたる男性の名が挙がる。言い出したら聞かない向こう気の強さ、後に荷風が辟易した嫉妬深さも相当なものだった。容易には御し難い女性であった。

慶大文学科教授となった荷風も明治四十三年五月、「三田文学」を創刊。作家として「三田文学」に作品を寄稿しながら、大学教授として学生相手に講義をするという慌ただしい生活をスタートさせていた。そして程なく六月頃、荷風は八重次と運命の出会いをすることになる。

二世勘右衛門は当時の歌舞伎舞踊の振付師として名を馳せていた。初代の実子で、若い時に七代目市川団十郎の弟子となり、日本舞踊の五大流派の一つと言われる藤間流の基礎を固めた人物だった。八重次は上野のタバコ屋の二階に間借りし、自炊しながら日本橋・浜町の師匠の下に徒歩で通った。養母から月五十円の仕送りを受けていたが、電車賃を節約した。本人の弁は「五時には寝床を離れていました。六時にはもう師匠の屋敷の門前に行って今か今かと門の開くのを待っていたものです」。二世勘右衛門夫人も八重次の稽古熱心さに打たれ、知り合いを通じて新橋芸者への道を口利きしてくれた。

荷風との出会いについて、八重次は昭和三十四（一九五九）年、婦人公論七月号に藤蔭静樹の名で「交情　蜜の如し」という寄稿をしている。

それによると、銀座・日吉町の盛り場に「プランタン」という繁盛していたカフェーがあった。画家の松山省三氏らがオープンさせた店だった。そこは新聞記者の溜まり場になっていたが、小山内薫、吉井勇、坂東秀調ら文士、画家、歌舞伎役者らも顔を見せていた。八重次も常連客だった。慶大教授になったばかりの荷風も訪れていた。八重次がいう「若くておしゃれでお坊ちゃん育ちらしい先生」を紹介してくれたのは小山内薫らしい。小山内の小説の中に、荷風と出会う直前の八重次をモデルにした作品がある。八重次に振り回された小山内が、八重次を荷風に紹介して押し付けた、とみれるストーリーになっている。

「自叙小伝」で藤蔭静枝は、当時の荷風について「チャキチャキの売れっ児、三田派の総帥として文名高く、新橋方面の浮名も相当な、遊蕩児であった」と評している。

荷風を見知っていた八重次はある晩、以前から知り合いの吉井勇や小山内薫から座敷がかかり、駆け付けると、荷風も一緒に談笑して居た。荷風の作品を二代目市川左団次が明治座で上演することについての打ち合わせの場だった。荷風の作品とは同年九月、「三田文学」に発表した戯曲「平維盛」だった。「光源氏の再来」とも言われた平家美貌の貴公子平維盛を「平氏没落の哀詩」として描いた作品。後に新歌舞伎といわれる短編の内容で、発表と同時に左団次が中幕狂言として上演した。

八重次と荷風が親密になるきっかけは、その明治座だった。市川左団次の「平維盛」などを観劇していた八重次は、途中で気分が悪くなり、席を外して場内の休憩室に向かった。そこで浮かぬ顔をした荷風を見つける。「御気分でもお悪いんですか」と尋ねると、荷風は、好きだった新橋の芸者がある富豪に落籍された、と富松との一件を話した。

八重次は「先生を捨てるなんて…」などと荷風の肩を持って慰めた。そして芸者らしく「お淋しいでしょう、先生。もやもやした時は、いつでもいらして下さい。誰かに話をするといくらかでも、気が紛れるといいますから…」と言葉を継いだ。荷風と長年、親交のあった相磯凌霜氏は「巴屋八重次は一代の才媛、眼から鼻へ抜けるような利口な女であった」と言っている。

それから数日後の夜更け、日吉町の八重次宅の戸を叩く者がいた。誰だろうと戸を開けると、荷風が表で一人立っていた。荷風の言い草は「遅くなり、車がなくなり、帰れない。どこでもいいから泊めてくれ」。それをきっかけに荷風は毎晩、八重次宅を訪れるようになった。後の藤蔭静枝の言は「今でもいえることは私は心からの愛情を捧げたということだ。好きだった。本当に。だから生き甲斐も働き甲斐も出て来た。この世が明るく楽しくなってきた。まるで初恋の二人のように嬉しかった。荷風氏も夢中だった」。二人は「交情蜜の如し」と言われる仲になる。荷風は新橋の芸者宅から慶大に通っている、との噂も広まった。

明治座を舞台にした出会いは、「藤蔭会五十年史」に詳しい。ややメロドラマ風で八重次寄りの脚色の臭いもしないではない。

八重次自身の回想記、昭和八年の「時事新報」連載「荊棘の路」は以下のようだ。

荷風さんとの恋愛ですつて、それあ惚れては居たんですが、初めはいまの言葉で言やあ、シンパの格でね、それが嵩じたの、惚れはじめはあたしのほうさ、その當時、荷風さんの定宿と言ってもいい待合は三十間堀「春日」いまでもありますよ、あすこの前から屋根舟でねえ、よく海軍大学校を抜けて墨田川にでたもの、あの當時の荷風さんはチヤキチヤキの売出しでね、髪を長くしてゾロリとしてたものです。（以上六月八日分）

「春日」はあたしの思ひ出の家でね、なんでも舟遊びをして戻ったあくる朝、それまではプラトニック・ラブでねえ、荷風さんがかう言うの、「ゆうべ僕はきみの夢を見たよ」、あたしがね「どんな夢？」てえと、ここは書いちやいけません、とにかく別々の寝床だつたのですからね、「どんな夢」つてえと、その後、あたしが感激して、あたしあその荷風さんのね、その、あたしのはうから攻撃見たいな恰好になつちあつたのよ、情熱家ですつて、さうかも知れないわ、首つたまにかじりつくてえのがありますが、そうそれを実行したのよ。（六月九日分）

この年の師走、荷風は八重次宛てに絵葉書を送った。「おわかれ致してより何となく心さむしく只今やるせなき思にて夕日の庭に対し居候…いつまでも御心変りなきやう其れのみ神かけて念居候…しばしの間のおわかれも全く心にかかりいろいろの事案じられ候まゝこのはがき差出し候。壮吉より」との内容だ。

毎日のように会っていた親密な間柄であるのに「しばしの間のおわかれも全く心にかかりいろいろの事案じられ候」という荷風の文章は何か唐突な感じがし、違和感がぬぐえない。年の瀬の荷風の心配事は何だったのだろうか。実子ミステリーが関係しているのではないか。そんな推測が強く働く。

荷風と八重次との間の実子ではないか、とみられる内田芳夫氏が生まれたのが戸籍上では明治四十四（一九一一）年七月五日。ただ家族の間では六月生まれということで、その日に誕生日祝いをしていた。いずれにしろ、芳夫氏の誕生日から逆算すると、八重次が妊娠したとすれば、出産予定日の二百九十日前は明治四十三（一九一〇）年九月頃となる。

明治座で「平維盛」を観劇した後、「交情蜜の如し」といわれるほどの仲になった時期にほぼ一致する。荷風の心配事とは、八重次の妊娠を知り、どうしたらいいか、思いあぐねていたことではないだろうか。

荷風は翌年の明治四十四年四月十二日、滞在していた永井家の逗子の別荘から八重次宛にまた絵葉書を送っている。「ご病気如何に候や経過よろしからぬやうなれば速に御一報下され度候御無人にて何かと御不便に候はば御遠慮なく啞々を御使役なさるべく候十四日夕方には帰るつもりに候昨夜は非常の暴風雨にて物すさまじき景色今日はまた好い天気になり申候兎に角わづか二三日の事故（ことゆえ）御養生願上候」

八重次の病気とは何だろうか。一人身で出来ないことがあれば親友の井上啞々を遠慮しないで使ってくれて結構、と八重次の病気を非常に気遣っている。「経過」「御無人」「御不便」という言葉から「病気」を八重次の「妊娠」と捉えると、どうだろうか。葉書の趣旨は俄然、分かり易くなる。八重次の出産が近付き、お腹も大きくなったことが荷風の気がかりだったのではないか。葉書の内容からすると、この時期、荷風と八重次は子供を産むことではお互いに合意していたのではないか、とも思えてくる。

しかし、その後の経過は、六月十九日生まれの内田芳夫氏は京都に住む八重次の実弟夫婦の長男として出生届が出された。内田氏が荷風、八重次の実子だとすると、二人は、なぜ最愛の乳飲み子を手放したのだろうか。

慶大教授という社会的身分を得たものの名家の御曹司・荷風は、畏怖する父親久一郎に「愛人の芸者に子供ができた」と言えなかったのだろうか。明治時代末年のことであるから旧態依然とした花柳界の客と芸者の関係、さらに名家に芸者を嫁として迎え入れることは考えられない時勢だったことは容易に推察できる。久一郎に勘当され、長男の家督相続権を失いかねない、とまで荷風は考えたかもしれない。結局、八重次は自分で始末を付ける選択しかなく実弟夫婦に実子を預け、育てて貰う道を決断したのではないか。

荷風は特異な結婚・家庭観を持っていたことで知られる。結婚については、発禁本となった「ふらんす物語」の作品「放蕩」の中で次のように述べている。

「結婚とは、最初長くて三カ月間の感興を生命に、一生涯の歓楽を犠牲にするものだ。毎日、毎夜、一生涯を同じ女の、次第に冷めて行く同じ肉、同じ動作、同じ愛情、同じ衝突、同じ講話、同じ波瀾、一ツとして新しい範囲に突飛する事はない。良人たるべき単調に堪え得る人は、驚くべき意力の人だ。自分は世間一般の結婚期を、外国にいたばかりに、周囲から何の勧誘も干渉も受けずに、大なる危険から逃れていた事を、非常に嬉しく思ったが、さすれば、この一生涯は遂に孤独で果てるよりしようがないのか。」

内田芳夫氏に関する実子ミステリーを考える際、昭和十二年に書かれた「西瓜」という荷風の作品が興味津々（しんしん）だ。作品の中に、思わず「えっ」と声を上げげたくなる文章がある。

わたしは自ら制しがたい獣欲と情緒とのために、幾度となく婦女と同棲したことがあったが、避妊の法を実行する事については寸毫も怠る所がなかった。

わが亡友の中に帚葉山人と号する奇人があった。帚葉山人はわざわざわたくしのために、わたしが頼みもせぬのに、名医何某博士を訪い、普通に行われている避妊の方法につき、その実行が間断なく二、三十年の久しきに渉っても、男子の健康に障害を来すような事がないものか否かを質問し、その返答を伝えてくれたことがあった。山人は誠に奇人であって、わたしの方から是非にといって頼むことは一向にしてくれないが、頼みもしない事を、時々心配して世話を焼く妙な癖があった。或日わたしに向って、何やら仔細らしく、真実子供がないのかと質問するので、わたしは、出来るはずがないから確かにないと答えると、

「それはあなたの方で一人でそう思っていられるのじゃないですか。あなた自身も知らないというような落胤があって、世に生存していたらおかしなものですな。」と言う。

「むかしの小説や芝居なら知らないこと、そんな事はあり得ないはなしだ。」とわたくしは重ねて否定したが、しかし人生には意表に出る事件がないとも限らぬから、わたくしは帚葉山人が言った謎のような言葉を、そのまま茲に識して置くのである。

帚葉山人は、本名を神代種亮（こうじろたねすけ）という。森鷗外と同じ島根県出身で、松江師範学校を卒業。「第二の鷗外」を夢見て教師を辞めて上京後、海軍省文書課、慶大図書館などに勤務。明治文学の研究に没頭し、「校正の神様」と新聞に紹介されたこともあった。昭和七（一九三二）年、五・一五事件が起き、犬養毅首相が首相官邸で海軍の青年将校に射殺されて間もない夏頃から毎夜、銀座・尾張町の三越前に現れた。白足袋に下駄履き姿で、表通りの通行人の様子などを観察。世相の移り変わりを荷風と話し合い、好色談義に耽っていた。

荷風は考証癖の強い、また聴き上手の帚葉山人を「帚草翁」として愛し、小説「濹東綺譚」の「作後贅言」（後書き）にその交遊録を詳しく綴っている。帚葉山人は昭和十（一九三五）

年三月、五十二歳で亡くなった。佐藤春夫の「小説永井荷風伝」に、「忽然と没した。植物学の某権威者から教えられて、強精剤としてひそかにもちいていたらしい草烏頭（とりかぶと）の中毒死」と記されている。

「西瓜」という作品は「持てあます西瓜のひとつやひとり者」という俳句で始まる。独り身の荷風がある夏、友人が送ってくれた大きな西瓜の始末に困り、思わず口ずさんだ句、という書き出しである。

この同じ俳句と西瓜の一件は、昭和八（一九三三）年十一月十一日の「断腸亭日乗」にもみられる。

「わたくしは一度も子を持った事がないから子の愛という事は実験したことがない。子を持って見たいという考えを起こした事もない。これには少し理由がある。日本の社会では自分の子を自分の思う通りに養育することもまた教育する事もできない。敢えてするには非常な不便を忍び非常な費用をかけなければならない。わたくしは弱冠の比から病の多い身であった。多病の親から壮健な子の生まれるはずはない。これもわたくしの父となる事を欲しない理由である。」と書いている。

帚葉山人の「あなたの知らないところであなたの子がいてもおかしくはない」との問いを荷風は重ねて否定したにもかかわらず、「しかし人生には意表に出る事件がないとも限らぬから、帚葉山人が言った謎のような言葉をそのまま識して置く」と書いた真意は何だったのだろうか。意味深だ。まさに「ミステリー」と言えるのではないか。

「西瓜」にはまた「わたくしは中学のころから子供のいない事を一生涯の幸福と信じていたが、老後に及んでますますこの感を深くしつつある。これは戯語でもなく風刺でもない。窃に思うにわたくしの父と母とはわたくしを産んだことを後悔しておられたであろう。後悔しなければならないはずである。わたくしの如き子がいなかったら、父母の晩年はなお一層幸福であったのであろう。」と述べている。

内田芳夫氏が生まれてほぼ一年後の明治四十五年七月十一日、荷風は何とも解せない奇妙な葉書を八重次に送った。「おとうさんはあしたのばん、おみやをもってかへるよ。おかあさんにさういっておくれ　十一日夕　宗七どの」

全文ひらがなで、荷風の書簡類の中では唯一のものではないか。珍しい。自分と八重次のことを「おとうさん」「おかあさん」と言っている。「宗七どの」とは一体誰のことを指しているのか。常識的に考えれば、二人の間にできた子供のことを「宗七」と呼び、人形に例えていたのではないか？　「宗七」は荷風の本名「壯吉」に習ったとも思える。

「宗七」探しをしていると、翌大正二年一月、八重次が書いた激烈な遺書の中に「人形宗七長松」という文字を見つけた。「死体は落飾せず湯棺せず寝着のまま早桶に入れてほしい。親父兄弟姉妹は寄せつけないで、友人たちにも通知せず、葬式はしないで貸馬車の一台に早桶喪主として人形宗七長松を乗せ、骨はひろわず捨てて下さい。遺金、遺品は荷風様におまかせいたします」。

第六章　「戯作者宣言」

＝大逆事件で元老山県有朋の暗躍＝

「交情蜜の如し」と言われた永井荷風と新橋芸者八重次の生活は実際にどの様なものであったか。明治四十五（一九一二）年四月、中央公論に発表された「新橋夜話」の短編「風邪ごこち」は当時の二人の生活ぶりを著した作品といわれている。

八重次をモデルにしたとみられる「増吉」という名の新橋芸者が主人公だ。増吉は置屋で古手の芸者だった。増吉の貸長屋の二階の家に入り浸って暮らす男が荷風の分身だ。増吉は朝から風邪心地で体調が優れない。にもかかわらず、夕方になると、お座敷務めを果たしに出掛けて行く、と言い出す。増吉は体調との兼ね合いで、迷いながらも最後は「座敷に出る」と決断する。

決断するや否やお化粧やら着替えやらを素早く沈着にこなしていく。この有様を男は置炬燵から見守る。見慣れた光景とは言え、男はその熟練の技と芸者の「心意気」に改めて感心する。

男は「芸者がお座敷という一声に、病を冒して新粧を凝らし、勇ましく出立って行く時の様子は、あだかも遠寄せの陣太鼓に恋も涙も抛って、武智重次郎のような若武者が、緋縅の鎧美々しく出陣する、その後姿を見送るような悲哀を催させるものだ」と思う。

文中の各所に、増吉が男に寄せる女心、芸者ならではの艶っぽい仕草、言葉使いが見て取れ、二人の仲むつまじい様子が伝わってくる。

増吉は出掛ける際、男に「お化粧したらかえって気がさっぱりしたようだわ。それじゃア、私行って来ますよ。早く貰ってすぐ帰って来るから、待ってて頂戴よ。晩の御飯一人で食べちまっちゃアいやですよ。」と声を掛けた。

男は半身を起こして唯だ頷付いていると、女はその手を軽く握って、「お腹が空いたら、私の牛乳があるから、あれでも飲んでお置きなさい。」。それから何ともつかずに唯だ、「よくッて？」と嫣然して見せて、褄を取って梯子段を下りた。

増吉は二年前、急性の肋膜炎にかかり、その後、医者から不治の肺病という宣告を受けていた。「足掛け二年になるわね。こうして一緒に暮していられたんだから、もう私ゃいつ死んだって、実際のところ思残りはないのよ。」

芸者家の二階の主人同様になってしまった男は、増吉がお座敷に出掛けた留守の間、以下のように自分の身の上を述懐する。

「こうまで持ち崩してしまった現在の身体では、唯でさえ根気の続かなかった勤勉な生活には到底帰られるものではあるまい。寒い寒い冬の朝目覚し時計に起されて慌ただしく洋服を着る辛さ。雨の降る堀端に電車を待つ果敢さ。乗ってからは雑沓の苦しさ。会社の入口を潜れば、人々皆それぞれの階級に従って、それ相応の立身出世の野心をば唯だ謹直という名の下に押し隠して、凡そ人間の多く集る処には必ず免れがたい反目やら競争やら阿諛やら讒訴やら、それら一切の不快な陰険な感情をばまたもや交際という仮面の下に何事もないように包みかくして行く。そんな事を思い出すと、ここにこうして芸者家の二階にごろついている現在の方が、どれだけ幸福だか比較にはなるまい。会社の人たちが蟻のように働いて、明けても暮れても、月給と賞与金との増額をのみ夢みつづけるのも、最終の目的は栄華と安楽に耽りたいというに過ぎない。詩人でもなく仙人でもないわれわれの安楽栄華とは、つまる処美衣と美食と美人とに囲繞されたい事を意味するのであろう。然りとすれば、自分は社会的名誉を投げ捨てた報酬として既に余りあるほどの安楽を得ているではないか。惜しむ事はない。悔やむ事は更にない」

増吉は思ったより早く帰宅する。増吉は梯子段を上がり終わるや否や、襟巻を解き捨てながら歩み寄って、「早かったでしょう。」と小声にいいながら男の肩の上に身体を載せかけた。男が増吉の手を取る。そこで「大変な熱じゃないか」と気付く。

「だからさ。言わない事ッちゃない。」

「もう叱らないで頂戴よ。私が悪かったんだから。」と増吉は艶めかしく謝罪ると同時に、甘えるように「今夜は一杯もお盃なんぞ受けやしなかったのよ。いつだって少し頂いたと思うと、直ぐ内密に厠へ行っちゃ頬紅を薄く塗って、酔払ったような真似をしている位に、用心しているんじゃありませんか。」

二人が「医者を呼ぶべきか」をやりとりした後、「風ごこち」は以下のような情景で締めくくられる。

下の方からその時強い葱鮪（ねぎま）の匂いが立ち昇って来た。女は何も彼も忘れてしまって、

「ああ嬉しい。政やが葱鮪をこしらえたわ。」

「さあ早く脱いでおしまい、糯袢一枚でどうするんだよ。」

「あッ。熱い。焼けどするわ。あなた。」

増吉は男が炬燵から取出して着せ掛ける寝衣の蔭に、早や肌糯袢もない真白な身を艶めかしく悶えさせた。

格子戸があいて箱屋の声「姐さんもうお帰りで御在ますか。」

「どうも御苦労さま。」と暫くしてお政が香の物でもきざむらしい俎板の音がし出した。

二人は唯何という事なしに顔を見合す共に、さも嬉しそうに微笑んだ。

荷風が八重次の家に入り浸り、睦まじい暮しを享受している間、荷風への次の試練が密かに進行していた。史上名高い「大逆事件」の発生である。

短編「風邪ごこち」が発表される約一年前の明治四十四（一九一一）年一月十八日、大

審院特別法廷は、爆裂弾で明治天皇に危害を加えようとしたとして大逆罪に問われた無政府主義者、幸徳秋水ら二十六被告に対し、二十四被告に死刑、二被告に有期刑を言い渡した。

翌日、死刑囚二十四人のうち十二名は、天皇の恩赦による勅令で無期懲役に減刑された。が、ただ一人の女性死刑囚菅野スガを除く幸徳秋水ら十一人は判決からわずか六日後の二十四日、菅野も翌二十五日、それぞれ死刑が執行された。特赦で無期刑に減刑された被告五人もその後、服役中に獄死している。

十二名に死刑、十二名に無期懲役という大量の極刑者を出した事件は、日本の裁判史上空前のことだった。しかも、首謀者と目された幸徳秋水は、日露戦争の際、「非戦論」を唱えて戦争反対を叫び、日刊「平民新聞」を創刊した社会主義運動の著名な指導者だった。

天皇、皇后、皇太子などを狙って危害を加えたり、加えようとする罪、いわゆる刑法七三条の「大逆罪」（一九四七年削除）に係わることだったため、事件の内容はいっさい公表されず、新聞記事掲載も禁止。裁判は非公開で秘密裡のうちに進み、一審が終審。控訴、上告は許されなかった。捜査開始から起訴、公判審理、判決、処刑までわずか八カ月。すべて異例ずくめの事件だった。

本当に天皇暗殺の具体的な謀議、計画はあったのか。死刑判決を受けた二十四名は共同謀議・連絡などの理由で有罪とされたが、被告全員が事件に関与していたのか。事件の真相は長い間、闇に包まれていた。起訴された被告たちは、いずれも幸徳秋水の同志、友人、知人で、いわゆる反天皇制の社会主義者、無政府主義者たちだった。真相は分からないものの、多くの心ある人々は長州閥の第二次桂太郎内閣による残忍な思想弾圧と受け止めた。

慶大文学科教授の永井荷風もその一人だった。荷風は当時、被告たちが収監されていた牛込区富久町の東京監獄（市ケ谷監獄）の裏に住んでいた。明治四十三年の冬、慶応義塾への通勤途上、編み笠姿の被告たちを乗せた囚人馬車が麹町区西日比谷（現、霞ケ関）の大審院（現最高裁）に向かう様子を目撃した。良心の呵責を覚え、「何もしない自分に作家の資格はない」と戯作者宣言をする。

大逆事件は、明治四十三（一九一〇）年五月、長野県下の製材所職工の宮下太吉が爆裂弾をつくろうとブリキ缶、薬品を隠し持っていたことが発覚したのが端緒だった。宮下は要注意人物としてマークされていた。長野県警松本署は宮下と友人ら五人を爆発物取締罰則違反で逮捕した。

宮下が「平民新聞」の幸徳秋水と手紙のやり取りをしていたことから、幸徳秋水は神奈川県・湯河原の静養先で検察当局に身柄を確保された。秋水の愛人菅野スガは「自由思想」秘密発送の罪で、罰金換刑のため東京監獄で労役中であったが、共犯の疑いで取り調べを受けることになる。

宮下の爆裂弾製造が天皇の行幸の際、投げつけるという意図が供述で明らかになると、検察当局は、幸徳秋水が大阪、和歌山、岡山、熊本など国内各地を旅行し、革命放談などをした際の関係者を次々と逮捕。大がかりな事件に発展し、大逆罪で二十六人が起訴された。

公判は十二月十日から始まり、連日の様に被告人尋問が行われた。弁護人からの証人申請は全て却下され、証拠調べも行われず、同月二十五日、論告求刑があった。平沼騏一郎司法省行刑局長兼大審院検事は総論で「被告人は無政府共産主義者ニシテ、其ノ信念ヲ遂行スル為大逆罪ヲ謀ル、動機ハ信念ナリ」と述べた。最後に松室検事総長が立って二十六被告全員に死刑を求刑した。一日おいて二十七日から三日間、弁護人の弁論が行われ、結審した。

翌年一月十八日午後一時過ぎ、幸徳秋水ら二十六被告に対する大審院（現最高裁）特別刑事部の判決公判が開廷。秋水ら二十四被告に死刑、二被告に懲役刑が言い渡された。判決の翌日、死刑を言い渡された二十四被告のうち十二被告が明治天皇の恩赦で無期懲役に減刑された。

大逆事件の真相が明らかになったのは、戦後、大審院から貸与された裁判資料の複写資料が弁護士平出修方から見つかったことなど、秘匿されていた多くの資料が日の目をみるようになってからだ。予審調書をみると、爆裂弾を作って明治四十三年秋の天長節観兵式に明治天皇に投げつけるという謀議をしたのは菅野スガ、宮下太吉、新村忠雄、古河力作の四人と分かる。いずれも幸徳秋水の信奉者で、四人は実行に当たり、幸徳秋水を外すことを確認していた。四人の決意は固く、万が一のことも覚悟していた。

宮下らは、社会主義者、無政府主義者に対する政府の迫害に等しい厳しい取り締まりに強い反感を抱いていた。特に明治四十一年六月、東京・神田で筆禍事件で投獄されていた青年の出獄歓迎会が赤旗を掲げるデモになった赤旗事件で、大杉栄、堺利彦、山川均、荒畑寒村らが投獄されたことに憤激した。新村忠雄は「警察官の不法甚だしく、裁判所の判決もまた不当でありました。それで私は言論や筆をもっては到底政府にかつことはできないから、われわれも腕力をもって対抗するほかに策はないと覚悟しました」と予審調書で述べている。

幸徳秋水の直接行動論に共鳴していた宮下らは、国民の皇室に対する迷信を打破するには爆裂弾をつくって天皇に投げつけ、天皇も血の出る人間だということを示さなければならない、と考えた。反天皇制の秘密出版物を書き、頒布したとして大逆罪に連座した神奈川県箱根の禅僧内山愚童も同様の考えだった。

幸徳秋水は製材所職工の宮下らが爆裂弾をつくり、天皇を狙おうとしていたことを知っていた。しかし、積極的に支援することはなかった。病気がちのため、明治四十三年に入ると、郷里高知に帰って著書の執筆に励もうとしていた。神経症を患っていた愛人菅野を心配し、静養を兼ね連れて行く考えだった。

今日では大逆事件の真相は、爆裂弾で天皇に危害を加える直接行動の謀議を行ったのは宮下太吉、菅野スガ、新村忠雄、古河力作の四人。しかし、その犯行計画は具体性に欠けた。この四人と内山愚童を除くその他の被告は、幸徳秋水の無政府主義に共鳴していたものの宮下らの謀議に関与したことは無かった。爆裂弾製造謀議を機に、大審院の検事局が中心になって無政府主義者を一網打尽にすべく全国に捜査の網を広げ、フレームアップした陰謀事件、というのが定説となっている。

幸徳秋水らのわが国での社会主義運動は、明治二十七、八（一八九四、九五）年の日清戦争後、産業が振興し、賃金労働者が増えて労働争議が各地で起き、それに伴う労働組合運動に従って始まった。明治三十四年、初の社会主義政党「社会民主党」が結成されたが、治安警察法で即日禁止された。同党の宣言は、社会主義、民主主義、平和主義を掲げ、議会を通じる平和的手段で達成することを主張した。当面の目標は普通選挙制の実現だった。

幸徳秋水、堺利彦は平民社を起こし、明治三十六年十一月、週刊「平民新聞」を創刊した。わが国初の社会主義運動の機関紙だった。同新聞は明治三十八年一月、六十四号で廃刊するまで社会主義思想の啓蒙に務める一方、日露戦争について非戦論を叫び続けた。

世を挙げて戦争美談が繰り広げられる中、平民新聞の非戦論は小さな声に過ぎなかったが、一部の知識人、労働者に思想的影響を与えた。幸徳は「若し戦争に謳歌せず、軍人に阿諛せざるを以て、不忠と名くべくんば、我等は甘んじて不忠たらん。若し戦争の悲惨・愚劣・損失を直言するを以て国賊と名くべくんば、我等は甘んじて国賊たらん。」などと訴えた。

平民社の活動が活発になるにつれ、官憲の取締まり、監視は一層厳しくなり、新聞の発行、集会の禁止。さらに幸徳、堺ら中心的人物は筆禍事件で相次いで投獄された。幸徳秋水は明治三十八年秋から米国に旅立ち、八か月間、滞在。帰国後、「世界革命運動の潮流」と題して演説、労働者の「直接行動」によって社会的変革を図るべき、と論じた。議会を通じた改革より労働者の団結による総同盟罷工、非軍備運動が重要と考えを改めた。

幸徳の「直接行動論」は社会主義運動の中で次第に影響力を強め、議会主義派は少数となっていった。運動内部で対立が起き、「直接行動論」は菅野スガ、宮下らによる大逆事件の遠因となった。

大逆事件は、社会主義者の取り締まり強化を内閣の方針としていた第二次桂太郎内閣の下で起こった。捜査を主導したのは松室致（いたす）検事総長、平沼騏一郎司法省行刑局長兼大審院検事、平田東助内相、有松英義内務省警保局長らであった、とされる。

しかし、当時、元老の山県有朋がこれら司法官僚を操って大逆事件の裏舞台で暗躍していたことはほとんど知られていない。わが国の社会主義運動の理論的指導者であった幸徳秋水ら十二人の無政府主義者があっという間に絞首台の露と消えた同事件で山県が果たした役割は恐るべきものがある。

山県の暗躍は、山県が遺した「山県文書」という書簡集から明瞭に浮かび上がる。現在、残っている「山県文書」は、長州藩の尊王攘夷の志士として活躍した幕末安政年間から明治政府で首相を二度務め、元老として晩年を迎えた大正十年までの六十年間に、山県が受け取り、山県自身によって取捨選択された、と推定される「時事に関係あるもの」の二千通だ。

「幸徳秋水の思想と大逆事件」の著者大原慧は、この二千通のうち明治三十八年から同四十四年までの七年間の二百三十二通を対象に分析した。当時首相であった桂太郎の四十一通が最も多く、次いで宮内相渡辺千秋、陸相寺内正毅らが続く。長州藩出身を中心としたいわゆる山県派と目される面々が手紙の主として登場する。

この書簡の分析から、山県が幸徳秋水を危険人物として認識したのが、明治三十九年六月、幸徳が渡米中、在米日本人有志によって結成された「社会革命党」に関してだった、ことが分かる。同党の党員の一部は、翌明治四十年十一月三日の天長節に「日本皇帝睦仁君に与ふ」という檄文をサンフランシスコ領事館などに散布したり、発送した。

山県の手元には、折から訪米中であった東京帝国大学教授・高橋作衛からの同事件に関する詳細な報告書が届いていた。天皇制絶対主義者の山県は、この報告書を目にして、同事件を天皇暗殺事件ととらえ、ただちに報告書を基に当時の西園寺首相、原敬内相、元老井上馨、田中光顕宮内相らに注意を喚起した。

同事件について「巨魁は幸徳秋水」と明確に指摘されている点が、大逆事件との関連で注目される。この時点で既に山県はじめ山県派の要人に、幸徳秋水は「天皇暗殺主義者」

のイメージで記憶されたことが推察される。当時、山県は第一次西園寺内閣の社会主義者に対する微温的取り締まりに不満を募らせ、西園寺内閣の倒閣に動いた。そして第二次桂内閣となった。山県の注意喚起を受けた田中宮内相は、すぐ内務省警保局長、警視総監を呼び寄せ、社会主義者取締まりの状況を問いただしている。

明治四十三年五月の長野県下での爆裂弾事件で、大逆事件の捜査が始まると、間もなく山県の下に長野県警の捜査状況の報告が入っていた、とみられる。山県はこの時期、社会主義者の取り締まりについて、東京帝大法科大学長を務め貴族院議員であった穂積八束（ほずみやっか）と、書簡のやり取りをしているからだ。

穂積は、社会主義が国家を毒することは自由民権論よりはるかに大きい、と指摘。今こそ「全力を尽くして其の萌芽を煎るへき時」と述べ、協力を申し出ている。穂積は、旧民法の民法典論争で有名な「民法出でて忠孝亡ぶ」との言辞を吐き、兄の元東京帝大法学部長穂積陳重（ほずみのぶしげ）とともに山県派の著名な御用法学者だったのだ。

爆裂弾事件の捜査で、幸徳秋水の名は早々と容疑者線上に浮かんだ。山県が、幸徳秋水ら無政府主義者を根絶する千載一遇の機会が来た、とにらんだことが容易に想像される。

現に幸徳秋水の身柄は長野県警が手を引き、検察当局によって確保されている。山県を核にした国家権力の大きな意志が働き始めた、とみてもおかしくないだろう。

「山県文書」はさらに大逆事件に関する山県の関与を明らかにする。山県の計らいであっと言う間に宮内大臣に昇進した渡辺千秋からの書簡によると、山県は社会主義者の取り締まりについて明治天皇に意見書を差し出し、三相（首相、内相、法相）に垂示している。意見書の中には、山県ならではの時勢矯正を意図した社会政策的なものが含まれ、皇室の仁慈を国民に示すことによって、忠君の念を改めて生じさせよう、としたとみれる。

ここで注目されるのは、山県が二十六人の被告全部の起訴が済んでいない段階で、桂首相ら政府当局者より先に、事件収束後の人心収れん策を考え、行動に移していることである。「山県文書」を分析した大原は、二十六人に対する死刑判決の翌日、半数が無期懲役に減刑された明治天皇の恩赦を考慮すると、大逆事件に対する山県の積極的姿勢とイニシャチブが証拠立てられる、と指摘する。

幸徳秋水ら二十六被告の予審が終わり、「予審意見書」が大審院に提出されたのは明治四十三年十一月一日、大審院の公判に付することが決定したのは同月九日、公判開始は十二月十日である。渡辺宮内相は、九月二十二日、松室検事総長がいち早く宮内省を訪れ、取り調べ状況と捜査終了が近いことを説明した、と山県に報告している。

さらに被告弁護側の最終弁論が終わった十二月二十九日の翌日、松室検事総長は再び宮内省を訪れ、審理終了を詳しく報告、判決が一月中旬になる見通しを語った。年明けの一月六日には松室検事総長はさらに渡辺宮内相に、判決日が同月十八日に決まり、判決は「検事の請求通りアルモノト推測」と述べた、と言う。このように、非公開であった大逆事件の裁判の進捗状況は渡辺宮内相を通じ山県の耳に逐一届いていた。

この間、松室検事総長は渡辺宮内相に、山県に「切に会いたい」ととりなしを依頼した。これを受け渡辺は、大逆事件での松室の努力と功績を讃えて山県に紹介の労をとった、ことも「山県文書」は明らかにしている。

松室は東京帝大を卒業し、判検事を歴任し、長崎控訴院長を経て検事総長となった。大逆事件直後の大正元年の桂内閣で司法大臣に抜擢され、さらに大正五年の寺内内閣でも司法大臣を務め、枢密顧問官となった。桂、寺内両首相とも長州閥で、山県の忠臣だった。

松室の下で実際の捜査指揮を取った平沼騏一郎司法省行刑局長兼大審院検事は、四十五歳の若さで検事総長となり、その後大審院院長を務めた。明らかな論功行賞だった。平沼は治安維持法を提案し、成立させた公安検事の代表的人物として法曹界に重きをなし、太平洋戦争直前には平沼内閣を成立させ、首相の座に上り詰めている。

戦後、判明した山県有朋の大逆事件での暗躍ぶりから、大逆事件が捜査開始から処刑まで誰も予想しなかったスピードで進み、完結した異例ずくめの展開であった理由が判然とする。山県は明治四十二（一九〇九）年、長州閥のライバル、初代首相伊藤博文が死去後、軍の巨頭として元老内での最有力者となった。官僚制を重視、政党政治の台頭を警戒した。最後の称号は元帥陸軍大将で国葬に付された。

処刑された十二人の中に和歌山県新宮市で医師をしていた社会主義者、大石政之助がいる。大石はロマン派系の短歌雑誌「明星」の主宰者だった与謝野鉄幹の友人でもあった。荷風の愛弟子で和歌山出身の作家佐藤春夫の父も大石の友人だった。

大石は米国のオレゴン州立大を卒業。インドのムンバイ大にも留学した医師だった。ムンバイ滞在中、カースト制度の実態を知り、社会主義思想に目覚めた。帰国後は地元・和歌山県新宮市で貧しい人々を無料で診療するなど「ドクトル」と慕われていた。また米国留学中、コックをしていたことから食堂も開き、西洋流の食生活を紹介する篤志家でもあった。幸徳秋水、堺利彦らと交流があったことから、大逆事件に問われ、死刑囚として四十三歳の若さで刑場の露と消えた。

荷風の恩師、文豪森鴎外は当時、浪漫主義文芸誌「スバル」を拠点に活躍していた。しかし、鴎外にはもう一つの顔があった。軍医として事件当時、陸軍軍医総監の要職にあった。陸軍に大きな影響力を持っていた元老、山県有朋のブレーンでもあった。

秋水を裁いた大審院の特別公判の政府高等官席に「鴎外の姿があった」という当時の司法記者の話がある。鴎外は東大医学部卒業後、ドイツに留学。欧米の社会主義や無政府主義に明るかった。自身はこれらの思想を否定したが、「思想は自由であるべき」との持論を表明。大逆事件の成り行きに重大な関心を寄せていた、とみられる。鴎外が大逆事件の判決直前、山県の東京・目白の私邸・椿山荘を訪れた、という真偽のはっきりしない話もある。

鴎外の友人であった与謝野鉄幹は、大石政之助のためにアララギ派の歌人で弁護士でもあった平出修に弁護を依頼した。平出は十一人いた大逆事件の弁護団の中でも三十歳そこそこの若手弁護士だった。

平出弁護士事務所の当時の事務長は、大審院からの裁判資料を三通複写し、与謝野鉄幹、森鴎外に一通ずつ渡した、と証言している。平出弁護士は一週間も続けて夜間、鴎外の私邸を訪ね、社会主義思想や弁護方針について教えを乞うた、という。鴎外はどのような立場で大逆事件をみていたのだろうか。

死刑判決が下された明治四十四（一九一一）年一月十八日、荷風は新橋の芸者巴屋八重次に葉書を出している。その文面は「度々電話をかけましたがお帰りがないので独りで博物館内の古い錦絵を見歩いて居りますこの暖さでは江東の梅も間がありますまい近い中亀戸へ行きませう　さう吉より」

この日、荷風は恩師巌谷小波にも親友井上唖々と連名で葉書を出している。葉書の投函時間は午後三、四時ごろとみられる。幸徳秋水らに死刑判決を言い渡した大審院特別法廷は同日午後一時過ぎ、開廷。鶴丈一郎裁判長は判決理由書を読み上げ、午後二時ちょうど、被告たち全員に起立を命じ、「二十四被告死刑」の判決主文を言い渡した。

葉書の文面の内容からすると、八重次に連絡を取ったが、不在だったのでやむなく井上を呼び出し、上野の博物館を見物したようだ。荷風が大逆事件の判決を知った上で葉書を投函したかは明らかでない。

「荷風と静枝」の著者塩浦彰は「この一月十八日は、荷風にとって、ことさら心の波立つ日であったに違いない。その心の動揺を沈めるべく、遭いたい相手として選ばれたのが、八重次という女性であり、ともに『博物館の古い錦絵』を見歩くことであった。八重次は、当時の荷風にとって、単なる遊び相手ではなく、『古い錦絵』の価値にも比肩する大切な存在となっていた」と述べている。

同日夜、東京・上野のレストラン精養軒で当時の著名な文学者が集まり、重要な会合が開かれた。発禁処分で思想統制を強める政府に対抗すべく新たな季刊誌をつくろう、という会合だった。荷風は「三田文学」を代表して出席。大逆事件の判決に立ち会ってきたばかりの弁護士、平出修と会っている。二人の間で何が話されたかも今は確認する術がない。

この夜の会合には、荷風、籾山庭後の「三田文学」、谷崎潤一郎、和辻哲郎らの「新思潮」、平出ら「スバル」、武者小路実篤、志賀直哉、里見弴ら「白樺」の四雑誌の文学者約四十人が集まった。森鷗外、石川啄木の後を継いで「スバル」の編集に当たっていた平出が司会をした。議題は、四誌を統合して森鷗外を盟主に「早稲田文学」に対抗する、反自然主義文学の季刊誌を出そう、という異例の話し合いの場だった。

会合は、途中で「三田文学」の籾山庭後が売り上げを伸ばすため「雑誌発行の月は各紙休刊してほしい」と提案したことに対し「白樺」の武者小路実篤が「そんなこと、できるもんか」と激高。白樺派の面々が退席してしまったことで、季刊誌発行の目論みは水泡に帰した。

荷風、鷗外、平出には桂内閣に代表される国家権力が思想信条・表現・出版の自由を恣意的に踏みにじる行為に出てきた動きに強い危機感を抱いていた。さらに大逆事件で桂内閣をバックにした平沼騏一郎らの司法当局が、天皇制絶対主義は「何ものにも勝る」という姿勢を鮮明にしたことで、その危機感は「作家生命を問うもの」になっていた。

一方、白樺派の文学者は、親が貴族、政治家、経済人のいわば上流階級の子弟で、乃木希典陸軍大将が学長を務める学習院の卒業生であった。人生経験、時勢認識とも荷風、鴎外とは大きな隔たりがあった。

「慶応義塾文学科教授 永井荷風」の著者、評論家末延芳晴は、白樺派の文学者を巻き込むことによって政府・官憲からの不当な干渉、妨害を防ぐことができるかもしれないという判断が荷風や鴎外に働いたのではないか、と指摘する。

さらに無抵抗、日和見を装った荷風であったが、その仮面の裏側で、もう一つ、国家権力と闘う文学者の素顔が隠されていた、とする。そして、その素顔は、昭和の時代に入り、日本全体がファナティックな国家主義と、軍国主義絶対主義に巻き込まれ、無謀な戦争へと雪崩を打っていくなかで、「断腸亭日乗」で国家や戦争、軍部の悪を徹底的に批判し続けた抵抗の文学者として現れ出てきた、と解説する。

荷風は大逆事件に対する当時の心情を大正八（一九一九）年の作品「花火」で吐露した。「明治四十四年慶応義塾に通勤する頃、わたしはその道すがら折々四谷の通で囚人馬車が五、六台も引続いて日比谷の裁判所の方へ走って行くのを見た。わたしはこれまで見聞した世上の事件の中で、この折程云うに云われない厭な心持のした事はなかった。わたしは文学者たる以上この思想問題について黙していてはならない。小説家ゾラはドレフユー事件について正義を叫んだため国外に亡命したではないか。しかしわたしは世の文学者と共に何も言わなかった。わたしは何となく良心の苦痛に堪えられぬような気がした。わたしは自ら文学者たる事について甚だしき羞恥を感じた。以来わたしは自分の芸術の品位を江戸作者のなした程度まで引下げるに如くはないと思案した。その頃からわたしは煙草入をさげ浮世絵を集め三味線をひきはじめた。わたしは江戸末代の戯作者や浮世絵師が浦賀へ黒船が来ようが桜田門で大老が暗殺されようがそんな事は下民の与り知ったことではない—否とやかく申すのは却って畏多い事だと、すまして春本や春画をかいていたその瞬間の胸中をば呆れるよりは寧ろ尊敬しようと思立ったのである」

荷風がドレフユー事件と呼んだのは一八九四年、フランスで起きたえん罪事件。当時、フランス陸軍参謀本部勤務の大尉であったユダヤ人、アルフレッド・ドレフュスが対独通牒者としてスパイ容疑で逮捕された事件を指す。

普仏戦争に敗れたフランスは大きな経済的困難に直面し、ドイツへの報復を叫ぶ声と反ユダヤ主義が国民の間に勢いを得つつあった。作家エミール・ゾラは「居酒屋」「ナナ」などの作品で知られる仏自然主義文学の代表的存在だった。大統領宛に公開質問状を出すなどして軍部を中心とする不正を徹底的に糾弾。世論が二つに割れ、ゾラ自身も名誉毀損で告発されて有罪判決を受け、一時、英国への亡命を余儀なくされた。

荷風以外にも鴎外の友人与謝野鉄幹、晶子夫妻、徳富蘆花、石川啄木など大逆事件に衝撃を受けた知識人は少なからずいた。薄幸の歌人・石川啄木は大逆事件が発生した明治四十三年、「時代閉塞の現状」という評論を東京朝日新聞に寄稿した。しかし、この評論は掲載されず、啄木の死後、遺稿集の本に収録されて日の目をみた。

啄木はこの評論で「強権の勢力は普く国内に行亘っている。今や我々青年は、此自滅の状態から脱出する為に、其『敵』の存在を意識しなければならぬ時期に到達しているのである。我々は一斉に起って此時代閉塞の現状に宣戦しなければならぬ。」と国家を敵としてとらえる認識の重要性を訴えている。短歌でも「時代閉塞の現状を奈何（いか）にせむ秋に入りてことに斯く思ふかな」と表現した。

啄木は当初、大逆事件について「不逞のやからの不逞な計画」などと非難していた。しかし、幸徳秋水ら死刑囚の遺体が戻り、火葬された後、弁護人平出修の自宅を訪ねた。そして裁判資料を読み耽り、同事件に対する態度を変えた。社会主義思想にも目覚めた。

啄木は、友人にあてた手紙で以下のような見方を明らかにしている。

「あの事件は少なくとも二つの事件を一しょにしてあります。宮下太吉を首領とする菅野スガ、新村忠雄、古河力作の四人だけは明白に七十三条の罪に当たっていますが、自余の者の企ては、その性質に於いて騒擾罪であり、然もそれが意志の発動だけで、予備行為に入っていないから、まだ犯罪を構成していないのです。この両事件の間には何等正確なる連絡の証拠がないのです。」

「はたらけどはたらけど猶わが生活（くらし）楽にならざりぢつと手を見る」。漂浪、困窮、失意、病気と闘った天才詩人・啄木。幸徳秋水が処刑された翌年の明治四十五年四月、妊娠八か月の身重の妻を残して「まだ死にたくない」と言いつつ、二十六歳の若さで肺結核のため亡くなった。

「花火」は大逆事件に対する荷風の心情を率直に吐露した部分が注目されている。が、書き出しは、明治という新時代になって国民が国旗を家に飾り、提灯行列や時には花火が打ち上げられる祭日の変化の様を記すことから始まっている。新時代の祭日について荷風は「東京市民が無邪気に江戸時代から伝承して来た氏神の祭礼や仏寺の開帳とは全く外形と精神を異にしたものである」と指摘。「新しい形式の祭には屡々政治的策略が潜んでいる」と述べている。

荷風が見たこうした社会的祭日の最初のものは、明治二十三（一八九〇）年二月の憲法発布の祝賀祭とし、提灯行列や国民が国家に対して「万歳」と叫ぶのも、この時から始まった、と指摘している。荷風十二歳の時の春だった、という。こうして荷風は明治二十四年五月、滋賀県大津市で来日中のロシア皇太子が路上警備の巡査に剣で切りつけられた大津事件、日清・日露戦争の開戦、大正四年十一月の即位式祝賀祭で東京各地の芸者が万歳連呼の行列、大正八年八月、富山県から始まった米騒動までを書き連ねている。

「花火」は明治政府が祭日の行事を利用して意図的に国民に天皇、国家への忠誠心を求める空気を醸成してきた点を批判的に強調した作品と言える。苛烈な思想弾圧である大逆事件も、そうした歴史的経緯、脈絡の中でみるべき。荷風はそう言いたかったのだろう。

第七章　「女の勲章」＝性愛作家に翻弄される＝

荷風は時折、一般人には理解し難い行動に出る時がある。付き合っていた女性たちから「冷たい人間」とみられるのも、そうした理由からだろう。

男性でも女性でも一定の成人年齢に達したら結婚して家族を持つというのが世間の習いだ。「個人主義」を尊重し、この習いを「旧弊」として嫌っていたはずの荷風は大正元年（一九一二）年九月、一般女性と突然見合いをし、結婚するという挙に出た。相手は本郷湯島で手広く商売を営んでいた材木商斎藤政吉の二女ヨネであった。明治天皇が同年七月三十日、崩御。年号が大正となり、明治天皇の御大葬が行われた直後だった。荷風は三十三歳、ヨネとは十歳以上の開きがあった。

荷風の母恆から信頼が厚かった親友井上啞々の両親が頼まれ、仲人となった。これに先立ち唖々が立ち会い、荷風とヨネは歌舞伎座で見合いをした、という。荷風同様、啞々も世間の習いに従うのを拒否する生き方をしてきた人物だけに、荷風に結婚を勧める側に立った啞々の行動も理解しがたい。

数多の女性と浮名を流してきた荷風の相手はほとんどが玄人の女性であった。女性操縦にたけた荷風からみればヨネは幼子同然の女性だった。何とも不釣り合いな新郎新婦の結婚だった。この不可解な荷風の結婚は、荷風が自分の思想、信条より両親への親孝行の気持ちを優先させた結果とみるしかない。

荷風の父久一郎、母恆にとって名家永井家の長男荷風が嫁を取らず、いまだ一家を構えていない、ことが最後に残る大きな悩みであった。精力的な交際家であった久一郎は前年末、日本郵船を退職し、自宅で悠々自適の生活を送る身となった。久一郎、恆の二人にとって荷風が作家として高名を博したことは「息子にそんな才能があったのか」と大変な驚きだった。また慶大教授という特別な社会的身分を得たことは想像外の出来事だった。この上は「荷風が結婚することでつつがなく永井家を存続させてほしい」という願望が募った。

荷風がこうした両親の気持ち、願いに抗しきれず、荷風のイメージにそぐわない結婚という決断をしたのは間違いない。幼少時から心配を掛け通しだった親に対し、荷風が自分にできる最後で最大の「親孝行」と考えて、決断した、とみるべきだろう。

秋庭太郎の「考証　永井荷風」によると、荷風は結婚直後、「籾山書店」の籾山庭後に以下のような手紙を送った。

「結婚当日の事は仔細に冷静に充分なる傍観的観察をとげ申候。形式美を好む小生には三々九度なぞの煩はしき虚礼も甚だ興味有之候。兎に角此頃は小生の思想も非常に変化致し居候には我乍ら驚かざるを得ず。凡ての事を世間並みに解釈して行くより致し方なし。あらゆる旧習を其の儘に受け入るゝように心掛け居候。今日までは兎角に何物か新しき生命を生涯の中に見出さんと勉め、或る時は反抗し或る時は絶望も致し候へども思へば益なき事に御座候。個人性の発揮は最早や小生の芸術にとりてさして尊きものにて無之候。此れよりは昔の町絵師や戯作者の如き態度にて人のよろこぶものを需めに応じてコツくと念入りに親切に書いて行くつもりに候。」

この手紙は読んで分かる通り、初めての結婚についての喜びの言葉、感情が一つも見られない。まるで他人事のような書きぶりだ。自分の思想、信条より親孝行を優先させて結婚したことに対する苦しい釈明の様子がみてとれる。憧れのフランスから帰国直後の、あの颯爽とした、黒のボヘミアン・タイを風になびかせ、銀座通りを闊歩した荷風の面影は微塵も無い。洋装を捨て和服を着こなす荷風になっていた。

一方、荷風の結婚を八重次との関係でみると、不可解さはさらに増す。作品「風邪ごこち」でみられたように、荷風は新橋界隈の八重次宅に頻繁に出入りし、居候のような生活を送っていたからだ。

荷風と八重次の噂は文壇関係者などの間に広まっていた。荷風という愛人を得た八重次の芸者としての艶姿も関心を呼んだ。明治から昭和にかけて女性の地位向上のため活躍した劇作家長谷川時雨は、歌舞伎座や帝劇で荷風と連れ立って現れた和服姿の八重次を見て、「近代美人伝」の中で「黒羽二重に草色の重ねが白襟に、いかにも時にあって新鮮に感じられた。そのおりわたしは、実に心の働く女（ひと）だと思って眺めていた。荷風氏の心持をすっかり呑み込めた筈だと、失礼にもそんな事にまで立ち入って感じていた。」と書いている。

「藤蔭静樹　藤蔭五十年史」に、この当時の二人の動静が書かれている。大変興味深く重要な記述だ。

「八重は、惣十郎町から山下町へ移ったが、そこでリウマチスにかかり、踊ることが出来なくなったので、静養する為に新橋をはなれ、四谷荒木町へ引っ越した、荷風の家も近くなったから、彼女は日々訪れた。そして荷風の書斎で蔵書を読んだり、古書法帖などの手入れをしたりして、夕方になると二人でなかよく芝の哥沢芝加津のところへ、稽古に出かけるのが日課のようになった。」

八重次が、四谷荒木町に移ったのは明治四十五年とある。さらに記述は「明治四十五年、即ち大正元年で、その年の五月に荷風は疑似赤痢に罹った。八重は殆んど毎日のように荷風を書斎に訪ねていた頃なので、その看護を一身に引受けた。彼女は嘗て痢病で入院したことがある。その時の看護婦のしたことをよく覚えていたので、細かいところまで気をつかった。昼夜をわかたぬ、その行き届いた看護ぶりは、ひそかに荷風の母親を感心させた」

「藤蔭会五十年史」によるこの記述が、重要性を帯びるのは二点である。

一つは実子ミステリーに関してだ。

八重次が荷風宅に近い四谷荒木町に引っ越した理由について、リウマチスに罹り、踊ることが出来なくなった。静養のため新橋を離れた、とある。引っ越し時期は、荷風が疑似赤痢にかかる五月前、即ち明治四十五年の初頭から春頃にかけてではないか、と思われる。

そうだとすると、八重次がリウマチスに罹った時期は前年の明治四十四年のこととみるのが自然だ。荷風と八重次の間の実子とみられる内田芳夫氏が生まれたのは明治四十四年六月だ。八重次の生涯を点検すると、「藤蔭会五十年史」にある記述以外、八重次がリウマチスに罹った形跡は見当たらない。女性の三十歳台でのリウマチスは珍しいのではないか。リウマチスの症状は手足、腰に表れるのが一般的だが、踊ることができなくなる症状とはどのようなものだったのか。

そのようなことをつらつら考察すると、リウマチスに罹ったとの記述は本当だろうか。そんな疑問が生まれる。さらに想像を膨らませると、八重次は子供を産んだ後、産後の肥立ちが悪く、体調を考えて踊りを含めた芸者の仕事を一時休業し、荷風宅に近い四谷荒木町に身を潜めたのではないか。そんな推量も働いてくる。

もう一つは、八重次が四谷荒木町に引っ越し、荷風宅に日参。別居夫婦のような生活を続け、荷風の疑似赤痢の際、献身的な看護に務めた。そうした仲であるのに、荷風はなぜ年端もいかない女性との突然のお見合い結婚に踏み切れたのか。

父久一郎と和解したとは言え、厳格な家風の永井家では家父長である久一郎に荷風は最後まで逆らうことができなかった。八重次の出身は、祖父が始めた新潟市古町の鮨屋「翁ずし」の娘。可愛さを見込まれ、妓楼・庄内屋の養女に貰われた経歴だ。かつては殿様の名家の嫡男荷風と、芸者八重次とは哀しいかな身分が違い過ぎた。「身分の違い」という今では死語が当時、まだ生きていた。「士農工商」という徳川三百年の遺制は、明治維新を経ても、人々の意識、また社会の隅々に残っていた。

芸者との色恋沙汰はともかく、荷風が世間に向かって八重次の存在を表立って言うことははばかれた。八重次との間に子供までできていた、との話が表面化したら、廃嫡の憂き目に遭う。荷風はそこまで心配したのではないか。一方、荷風は八重次に対しては、ヨネとの結婚はあくまで形式的なもの、と釈明し、納得して貰おうと説得に動いた。お互い好き同士であったが、荷風と八重次の関係は決して対等な間柄ではなかった。

当の八重次はどう受け止めたのだろうか。「婚禮のその夜、荷風さんの邸の前で自殺してしまふかとも考へました」との八重次の言葉がある。「藤蔭会五十年史」には、「八重はひと一倍嫉妬心が強い。それだけに彼女は煩悶した」と書かれている。新潟の妓楼「庄内屋」を廃業した養母佐藤しんが静養先の伊香保温泉から「暇があったら遊ぶに来るように」と便りを寄越したのを幸いに、八重次は荷風の結婚直後の十月、同温泉に駆け付けた。

八重次は、しんの顔を見るなり、「お母さん、私、くやしい」とすがりついて泣き出した。泣き止まない八重次をしんは優しく湯殿に誘い、久方ぶりに頭髪を洗ってあげた。そして「お前、よく考えよ。先生はえらい方だし、お家だって立派だし…。釣り合わぬは不縁のもとというからね。たとえ奥さんになれたとしてもだよ、それがお前の仕合せになるとは私には思われない。お前にはお前の道がある。」と諭した。

荷風は結婚直後も八重次と会っているが、八重次は伊香保温泉から帰京してすぐ同温泉のもみじ葉を同封して荷風に葉書を出した。帰京したことと、いつ出かけられるかを尋ね、来れる時は機関紙・三田文学を持ってきてほしい、と頼んでいる。

これに対し荷風は十月二十八日、八重次に手紙を出した。「先日よりいろいろとお前様の行末を考え居候。今日までは何も彼も承知の上にて鬼のようなる事ばかり致し今更後悔先に立たずせめてはお前さまの今後の身の上に何かのたしにも相成るよう幾分にても私の身にて出来るだけの事致さねば心にすまずと存居候今までの薄情は夢と思ひ御許下され度候明日一時頃学校の帰りおたづね致し万事お話致度候につき是非にも御在宅下され度候」

随分身勝手な謝罪ととれる内容の手紙であった。「鬼のようなる事ばかり致し」とは、二人の間の実子を八重次の実弟夫婦に預け、手放したこと、さらに八重次の存在を無視して親に従い突然、お見合い結婚に踏み切ったことが挙げられるだろう。数日を経ずして荷風は新婦ヨネの目を盗んで八重次と会った。

こうした荷風の不始末を叱責するかのように、荷風にとって予想外のことが突然、起きた。父久一郎が十二月三十日夕、自宅で脳溢血のため倒れ、意識不明となった、のだ。久一郎は翌正月二日の明け方、昏睡状態のまま亡くなった。三十日、久一郎は歳暮の挨拶に訪ねて来た末弟大島久満次と楽しく雪見酒を酌み交わした。末弟が帰った後、降りしきる雪で大事にしていた庭の盆栽の松の枝が折れるのを心配し、外に出て盆栽を抱えて屋内に取り入れようとしたところ、脳溢血を起こし、卒倒した。

永井邸には親戚、久一郎の知人、友人、部下ら関係者が次々と集まり、憂色に包まれた。「父倒れる」の急報で、母恆の鷲津家を継いだ次弟貞二郎は勤務先の水戸からすぐ駆け付けた。しかし、長男荷風の行方は永井家が八方手を尽くして探したが、分からなかった。

実は荷風は数日前から箱根の塔之沢温泉に行き、八重次を呼び出して湯治と洒落込んでいた。八重次を慰めるのが目的だった。二十九日、帰京したものの八重次宅に泊まった。翌朝、帰宅しよう、としたが、大雪で八重次に引き留められ、そのまま流連していた。

荷風はこの痛恨の一事を、久一郎の月命日に当たる大正十五年正月二日の「断腸亭日乗」に詳しく記述した。

「予は日頃箱根の如き流行の湯治場に遊ぶことは、当世の紳士らしく思われて好むところにあらざらしが、その年にかぎり偶然湯治に赴きしいはれいかにと言へば、予その年の秋正妻を迎えたれば、こころの中八重次にはすまぬと思ひゐたるを以て、歳暮学校の休暇を幸、八重次を慰めんとて予は一日先立って塔ノ沢に出掛け、電話にて呼寄せたりしなり。予は家の凶変を夢にだも知らず、灯ともし頃に至りて雪いよいよ烈しく降りしきるほどに、三十日の夜は早く妓家の一間に臥しぬ。世には父子親友死別の境には虫の知らせといふこともありと聞きしに、平生不孝の身にはこの日虫の知らせだもなかりしこそいよいよ罪深き次第なれ。」

「夜のあくればその年の除日なれば、是非にも帰るべしと既にその仕度せし時、籾山庭後君の許より電話かかり、昨日夕方より尊大人急病なりとて、尊邸より頻に貴下の行衛を問合せ来るにより、内々にてちょっとお知らせ申すとの事なり。予はこの電話を聞くと共に、胸轟き出して容易に止まず、心中窃に父上は事きれたるに相違なし。予は妓家に流連して親の死目にも遭はざりし不孝者となり果てたりと、覚悟を極めて家に帰りぬ。」

「母上わが姿を見、涙ながらに父上は昨日いつになく汝の事をいひ出で、壮吉は如何せしぞ。まだ帰らざるやと。度々問ひたまひしぞやと告げられたり。予は一語をも発すること能わず、黙然として母上の後に随ひ行くに、父上は来青閣十畳の間に仰臥し、昏睡に陥りたまへるなり。鷲津氏を継ぎたる弟貞二郎は常州水戸の勤先より、この夜大久保の家に来りぬ。末弟威三郎は独逸留学中なりき。先考の学僕なりし小川新太郎とて、その時は海軍機関小監となりゐたりし人、横須賀軍港より上京し、予が外泊の不始末を聞き、帯剣にて予を刺殺さんとまで奮激したりし由なり。先考は昏睡から覚めざること三昼夜、正月二日の暁もまだ明けやらぬ頃、遂に世を去りたまへり。」

久一郎は六十二歳、正四位に除せられ、死去から四日後の大正二年一月六日、生前の本人の希望に沿って基督教の葬儀が神田錦町の基督教青年会館で行われた。久一郎は基督教信者ではなかったが、「日本の坊さんは金取主義で困る。俺が死んだら耶蘇教でやれ」と言っていた。葬儀は日本郵船関係者の尽力でつつがなく営まれ、会葬者は千人を超えた。棺は雑司ヶ谷墓地に埋葬された。

荷風と八重次の箱根・塔ノ沢温泉旅行について、作家吉屋信子が著書「私の見た人」の中で藤蔭静樹を取り上げ、記した。ここにも興味深い話がある。吉屋は八重次が後年、藤蔭静枝という新舞踊運動の旗手となってから新潟出身の同郷の縁で知り合い、長く交際を続けた女性作家だ。

興味深い話とは、荷風が昭和三十四年四月、急逝した後、吉屋が芸名「静枝」を二代目に譲った静樹の下を久しぶりに訪れた際の会話である。

私が訪れると、彼女は歓迎の酒宴を開いた。「荷風が亡くなって…」と私が言出すより早く「あたしゃ悲しくもなんともないよ。だってもうずっと別れていた人だもの」とあっさり片付けて台所へ手をたたき「あのおいしい雲丹もっておいで」声かけて盃を飲みほした。

どうしても忘れ得なかった男が死ンじまってかえってサッパリしたという心理もあるかも知れぬ…と思った。私の方から荷風との話をせがみたくなった。

「荷風と知合ったのは明治四十三年からね」

私は荷風の年譜に記載の彼女について思い出して言った。

「そうよ、お芝居の休憩室で初めて会ったのよ。それから二、三日すると夜遅くあたしの家の戸をトントンたたいてね。夜ふけて余丁町の邸まで帰るのがおっくうになったから泊めてくれって荷風が来たのよ」

これはパリでは聞かなかった初耳である。

「それから大正元年の十二月に箱根にいっしょに行って泊っているうちに荷風のお父さんが亡くなったのね」と知ったかぶりして言出すと、彼女は盃を置いて烈しく首を振り立て「そりゃあ嘘ですよ、あたしゃ荷風にはいちどだって箱根へ連れて行かれた覚えはないよッ」と否定した。

「ちゃんと荷風年譜に書いてあるわ」と言ったが首を振り続けて「そりゃあ、その年に荷風がうちでは芸者を表に出来ないからってあたしに因果を含めていったん手を切って、材木商かなにかの家から素人娘をもらったのよ、その新婚旅行に箱根へ行ったんでしょうよ」と言張る。

荷風年譜には――大正元年十二月三十日。八重女と共に箱根に到る、翌日突然父君危篤の悲報あるうんぬん…同二年元旦前夜の夢を追いつつ欣然として家に帰れば家尊既に亡し、とある。

彼女も老齢でさすがにむかしのことはボケたのかと思った。けれども彼女が箱根行きを事実無根と主張したのがあまりに真剣だったから私は一つの疑問にした。これは荷風がもしかしたら他の女とでも行ったのか…荷風は年譜にも文学的潤色を加えた気がする。

荷風が死んでも悲しくもなんとも思わないと言った静樹は、ほんとは荷風の死後ずっと命日三十日を毎月まもって、今まで食べたこともないカツ丼をかならず夕食に食べるという事実をつい最近私は知った。カツ丼は荷風が逝く日の夕べまで口にしたものだった。

彼女はいまだにかつての文学芸者らしい八十五歳（昭和三十八年）の純情かれんの舞踊家である。

八重次が荷風との箱根行きを強く否定したのに従い、吉屋信子が「断腸亭日乗」の記述に疑問を抱いたのは、荷風との苦い実体験があったからだ。吉屋は総合誌「改造」からある時、大衆娯楽の興行物の楽屋訪問記を依頼され、浅草のオペラ館へ出向いたことがあった。舞台稽古を見ていると、案内役の支配人が「永井荷風先生もいらっしていますよ」と言った。

吉屋は夜が遅くなり、稽古も見飽きたので、随行した編集部の記者に「帰りましょう」と促した。その時、支配人に伴われて荷風が突然、現れた。記者は名刺を差し出して丁寧な挨拶を交わし、吉屋来訪の趣旨を説明した。そして吉屋は荷風と一緒にカメラに収まった。

ところが「断腸亭日乗」では「練習中館員来りて吉屋信子なるもの余に面談したき由を告ぐ。避けて会はざらんとせしが機会を失して逃るゝ能はず。隋従の一書生出でゝ余と信子との写真を撮影せり。」。

面談を申し込んだことも無く、名刺を出し挨拶もした記者は一書生となり、写真撮影も無理強いした様子になっていた。吉屋は「荷風日記のお筆先のアヤの一端をうかがい知ることが出来た」と大層憤慨したのだ。この顛末は昭和三十八年六月の朝日新聞に掲載されている。

久一郎の葬儀が済んだと思うのも束の間、荷風はまた驚くべき行動に出た。翌月の二月十七日、新妻ヨネと協議離婚した。協議離婚という形だが、荷風がヨネを追い出し、実家に帰したのである。父親の強い勧めに従って見合い結婚したものの、半年を経たないうちに父親が亡くなったからと、早速結婚を解消する挙に出たのだ。

この離婚に関して吟味が必要なのは八重次の「遺言状」だ。遺言状は、荷風がヨネと離婚した約一カ月前の一月十九日付だ。荷風と長年、親交のあった相磯凌霜氏所蔵の「荷風知友書簡集」から見つかっている。遺言状は「死体は落飾せず湯棺せず寝着のまゝ棺にお入れ被下度候」「親父兄弟姉妹はかたく寄せつけ下さるまじく〜」「骨は拾わず打捨置被下度候」「葬式はいたさず貸馬車二台たのみ一台に早桶喪主として人形宗七長松をのせ一台に金ちゃんと女中等のせ三の輪火葬場へまゐり壱等の焼料を支払い火葬取計らはせ被下度候」などという内容だ。

通常の遺言状とは違い、尋常な文章ではない。なぜこの時期に八重次は突然、遺言状を書いたのだろうか。早桶喪主の人形宗七長松とは、何を意味しているのか。手放した実子内田芳夫氏のことを指しているのではないか。

荷風がこの遺言状を読んだのは間違いない。二人の間は、実はただならぬ状況だったことを想像させる。「このままでは私は生きていけない」。そのようなことを八重次は荷風に言っていたのかも知れない。年の瀬に荷風と箱根に逗留し、帰京後、八重次宅に泊まり、荷風が父久一郎の死に目に会えなかったことで、八重次は重い責任を感じていたのだろう。永井家の親族らの非難の矛先は八重次にも向けられていたのかも知れない。八重次は荷風との縁を断ち切ろう、とまで思い詰めていたことも推察できる。この遺言状が荷風にヨネとの離婚を決断させたのでは？　そうみるのは見当違いだろうか。

ヨネとの離婚には親族の間からも「何だ」と荷風を責める声が出た。三十代の世間に知られた著名作家で文学を教える大学教授のすることか、という誰しもが口にしそうな非難である。

「大変なところに娘をやってしまった」とヨネの両親は嘆いた。が、後の祭りだった。一番傷ついたのはヨネであることは言うまでもない。両親は荷風に五百円を要求、慰謝料として受け取った。当時は銀行員の初任給が四十円の時代であったというから、五百円は現在の貨幣価値に換算すると約二百万円。当時の銀行員の年収一年分に相当するということになる。荷風のヨネに対する仕打ちを考えたら、慰謝料としても「随分安すぎる」という気がしてならない。

この間の事情は、作家小島政二郎が「小説　永井荷風」の中で詳しく書いている。小島は毎日中学に通う道筋に、湯島のヨネの実家の材木商があり、その頃、十七八のヨネを四五度見たことがある、という。清潔な細面のお嬢さんだった、そうだ。

岩波書店の「荷風全集第六巻」の巻頭に、荷風とヨネの結婚式当日の写真が掲載されている。振り袖姿で日本髪の新妻は椅子に座り、その右横に角刈りで羽織袴姿の荷風が左手に扇子を持って立っている。荷風はおじさん風だが、ヨネは小島の言うように、緊張した表情で何にも知らない生娘に見える。写真の裏には「著者　夫人ヨネ（米）大正元年」とある。

小島によると、俳人の友人の奥さんがヨネと親しかった。ヨネはしばしばこの年上の奥さんを訪ねた際、荷風が「気むずかしくて、機嫌を取るのに骨が折れる」「私の着物を見て野暮だ、野暮だと言う」とこぼしていた、という。そしてけなげに荷風に気に入られようと、「野暮でない着物を見立てて下さい」「哥沢を教えて下さいませんか」とせがんだ。

小島は「荷風は、花柳界の女の幾人とも、いや、幾十人もと出入りがあって、色の諸訳を知り尽くしたしたたかものだった。彼女達にくらべたら、ヨネは深窓に育った良家の子女である。一度嫁して、離縁される女の悲しさを荷風は顧みても見なかった。僅か半年やそこ等で、罪もない娘をキズ物にして返す非情さを私は憤慨しずにいられない。三十四にもなった男が、自分のためにではなく、親のために結婚するなんて馬鹿馬鹿しいにも程がある」と怒っている。

父久一郎が亡くなった後、大久保余丁町の自宅・来青閣は母恆と荷風の二人暮しとなった。荷風はこの年の五、六月の「三田文学」に「父の恩」を発表。「私は旧幕の遺臣たる父親が、常にいかなる感慨を以て当今の時勢を看ておられたか、はっきりとは知る由もない。けれども、父はその死後まで吾々家族を飢えさせぬように、幾十年一日の休みもなく風塵の間に往来しながらなおかつ悠々として天命を待つが如き態度を失わずにおられた。その胸底には必ずや計る可らざる忍耐克己の力と、また限り知れぬ経験から得た深慮が潜んでいなければならないはずである。」などと久一郎を偲んだ。

十月、ドイツに留学していた三男の実弟威三郎氏が帰国した。

大正三（一九一四）年に入ると、大久保余丁町に近い四谷荒木町に転居した八重次の行動が表立ち、荷風の自宅に出入りするようになる。八重次宅はまた荷風の別宅になった。先に紹介した「藤蔭静樹　藤蔭会五十年史」に書かれているように、八重次は荷風宅二階の書斎に顔を出し、あちこちに積んである小説類を読み漁る一方、庭に出て花を摘み、書斎の花瓶に活けるなど荷風の身の回りの世話を焼いた。古書類の破れをつくろい、夕方になると、二人で芝口日蔭町に住んでいた哥沢の師匠の許に出向いて、おさらいをする日常生活となった。

八重次は向島有馬温泉の主人金子元助の養女となり、三月七日、金子ヤイの名で、正式に永井壮吉の妻として入籍した。金子元助は浄瑠璃節の一つ、一中節の縁で荷風と親交があった。八重次が本籍の内田ヤイではなく、わざわざ養女金子ヤイとして嫁がざるを得なかったところにも、名家永井家の格式の高さが影響していた。

五月、荷風は食あたりで発熱。半月ほど床についた。この際、八重次は甲斐甲斐しく荷風の面倒を看て、俗にげんのしょうこと呼ばれる薬草矢筈草を煎じて荷風に飲ませたりした。この様子を見ていた母恆は八重次に次第に好意を寄せ、言葉を交わすようになった。

ある日、居間の軸を掛け替える時、著名な書家が書いた唐の詩人杜牧（小杜）の七言絶句を八重次がすらすらと読み下したのに母恆は驚く。「この女性はただ者ではない」と八重次への認識を改めた。八重次は女役者市川久米八に憧れ、新潟から上京した際、劇作家で漢学者の依田学海の漢学塾に通った。漢文、漢学を習い、漢文で書かれた頼山陽の「日本外史」なども学んでいた。また歌人佐々木弘綱、信綱父子の竹柏園に入門、短歌の勉強も続けていた。

八月三十日、荷風と八重次との結婚披露宴が、荷風と公私にわたって懇意だった市川左団次夫妻を媒酌人として浅草山谷の八百善で行われた。新郎荷風三十六歳、新婦八重次三十五歳の晩婚カップルだった。親戚は招かず、母恆が出席した内輪の祝宴だった。内輪とは言え、賑やかな宴だったらしい。戦後の昭和二十四（一九四九）年十二月、サンデー毎日に掲載された藤蔭静枝の「自叙小伝」に「荷婿さんが地を唄い、荷嫁さんが踊り出して大トラになる、という目出度さだった」と書かれている。「五年に及ぶいざこざの恋が実を結んだ。」ともあり、紆余曲折、艱難辛苦を経て荷風の妻の座を得た八重次の喜びは如何ばかりだったろうか。

帰国した威三郎は東京帝国大学農科大学の嘱託となって母恆と長兄荷風が住む大久保余丁町の実家から通勤するようになった。が、荷風が結婚して間もない新妻を離縁し、芸者八重次を正妻とした事。父久一郎が脳溢血で倒れた際、荷風が八重次と箱根の温泉に出掛け、行方知れずだったいきさつなどを知り、荷風に強い反感を抱いた。威三郎は荷風と異なり、元々温厚で実直な学者肌の性格だった。兄弟はそりが合わなかった。

威三郎は実家邸内に門を構えた別宅をつくり、母恆を連れて荷風夫婦と別居した。母親似の荷風は母を奪われた、と感じ、威三郎と義絶状態となった。

荷風は昭和十二（一九三七）年四月三十日の「断腸亭日乗」に「余と威三郎の関係」と題し、箇条書で経緯を述べている。

一　威三郎は余の思想及び文学観につきて苛酷なる批判的態度を取れるものなり。
一　余は妓を家に入れたることをその当時にてもよき事とは決して思ひをらざりき。唯多年の情交俄に縁を切るに忍びず、かつはまた当時余が奉職せし慶応義塾の人々も悉くこれを黙認しゐたれば、母上とも熟議の上公然妓を妻となすに至りしなり。
一　彼は大正五年某月余の戸籍面よりその名を取り去りて別に一家の戸籍をつくりたり。これによりて民法上兄弟の関係を絶ちたるなり。
一　彼は結婚をなせし時その事を余に報知せず。故に余は今日に至りても彼が妻の姓名その他について知るところなし。
一　以上の理由により、余は母上の臨終及葬式にも威三郎方へは赴くことを欲せざるなり。

一方、荷風の妻の座に収まった八重次との夫婦仲はどのような経緯をたどったのだろうか。藤蔭静枝の「自叙伝」によると、「日夜身近く仕えてみると、この旦那様の気むずかしいのには今更ながらの驚きだった」とある。「とても几帳面のつむじ曲がりで、書斎なども、本一冊置いた所が違っても機嫌が悪い、その上食べ物がやかましい」と続く。荷風の追悼文の中でも静枝は「おみおつけが嫌いで、女中部屋を他へ移せといわれた。お米もおさしみも塩ザケも食べようとなさらないので、朝夕の食膳の工夫はひとしお苦労の種子でした」と告白している。好きな相手でも八重次は気が休まる所が無かった結婚生活であった、と想像がつく。

そして今回もまた荷風が想像さえしなかった展開が待ち受けていた。浅草での内輪とは言え結婚披露宴を済ませた八重次は五カ月と経たない翌年の大正四（一九一五）年二月十日夜、突然置き手紙一通を残して荷風宅を去った。

荷風はこの日、朝早く家を出た。帰途、籾山庭後宅に立ち寄り、四方山話に耽って夜遅く車で帰宅した。家の中が何気なく寂然としているのを感じ、女中一人のみで八重次の姿はなかった。八畳の間には電灯が煌々と点いて二人が日頃、食事に使う紫檀の大きな唐机の上に、たん笥の鍵を添えて手紙が置いてあった。

女中は「ご新造様は御風呂めして九時頃お出掛けになり、やがて何処よりとも知らず電話にて今夜はおそくなる故帰らぬ由申越されぬ」と告げた。荷風は新橋あたりの芸者仲間の家か、藤間流の弟子宅にでも行ったのであろう、と推測しながら封書の手紙を開けた。そして肝をつぶすほど驚いた。八重次が書いた荷風宛ての家出の絶縁状だった。

「一筆申残しまゐらせ候。私事こちらへかたづき候事よくにも見えにもあらずたゞ一ツ捨がたき恋のれきしがいとほしさに候。もとよりなれぬ手業お針もおぼつかなく水仕の事は云うまでもなく候。さぞお気に入らぬ事だらけと御きのどくに存上居候も私はそのくらゐの事くんで下さる御方と日々うれしくつとめ居候処あなた様にはまるで私を二束三文にふみくだしどこのかぼちゃ娘か大根女郎でもひろって来たように御飯さえたべさせておけばよい夜の事は売色にかぎる夫がいやなら三年でも四年でもがまんしてゐるがよい夫は勝手だ。女房は下女と同じでよい。『どれい』である。外へ出たがるはぜいたくだとあたまつから仰せなされ候。なるほどそれも御もっとも世のつねの夫婦ならばそうなくてはならぬ処さなきだに女はつけ上りたがる者夫としてはつねに日頃そのくらゐに女房をおしつけておかなければならぬ事私とてもよく存じ居候。私は殊にあなたがそれほどになさらずとも来る時すでに心にちかひし事もあり決して御心配かけるほどぜいたくや見えをしたがる者にてはなく候。そんな事わからぬあなたともおもはれずつまりきらわれたがうんのつき見下されて長居は却而御邪魔此意味向島の老人に噺咄し候ても通ぜずよんどころなく候。此度は父の許え帰らず候。此手紙父に御見せ下されてあなた様の御気のすむやうどふとも御はからい御下度候。右申残し候。あら〳〵かしく　二月十日夜八時半　旦那様御許　八重より」

八重次が心底からの怒りを率直に記した激しい内容の置手紙だった。啖呵を切るような女性からの絶縁状としては歴史に残るような、あえて言えば立派な置手紙だった。八重次が家出した理由は、手紙からうかがえるように、八重次を一人家に置き去りにしたまま、毎夜のように出歩く荷風の放蕩、外出癖だった。分かっていたとは言え、八重次の堪忍袋もついに切れた。人一倍強かった悋気も手伝って八重次は疲れ果てたのだ。当事者の荷風、八重次双方に未練はあったが、八重次の嫉妬が荷風の友人、知人に向いたこともあって、左団次ら周囲は離婚に動いた。荷風には「女は我慢が第一」という古い女性観もあった。二月二十三日、八重次こと金子ヤイは荷風の戸籍から離籍された。

八重次離籍の翌日の夜半、荷風は「お八重どの」との手紙を書いている。

「一筆申入候さて〳〵この度は思ひもかけぬ事にて何事も只一朝にして水の泡と相成申候一時の短慮二人が身にとり一生の不幸と相成候今更未練がましき事は友達の手前浮世の義理の是非もなし多々涙を呑むより外致方無御座候酒井君より三升人形御所望の由聞及び候につけてもそなたが御心中云はぬはいふにまさる程の事私の胸にはしみじみ感ぜられ申候何とぞ末長うこの人形の世話なし被下度御願ひ申候扨私はそなた去りたる後は今更母方へも戻りにくく候間これより先一生は男の一人世帯張り通すより外致方なく朝夕の不自由今は只途方に暮れ居り候お前様は定めし舞扇一本にて再びはれ〴〵しく世に出る御覚悟と存候かげながら御成功の程神かけていのり居候かへす〴〵この度の事残念至極にてお互に一生の大災難とあきらめるより詮方なく私の胸の中もとくと御咄し致度存候へども一度友達を仲に入れ候上は表立つて如何とも致がたくいづれここの処しばらく月日をへだて候はば再びお目にかかりしみ〴〵御咄し致す折もあるべきかとそれのみ楽しみに致候このことそなたもよくよく御考へ被下度先は未練らしく一筆申残候」

この手紙に出てくる、八重次が望んだという三升人形も、八重次が遺言状に記した人形宗七長松と同じ様な意味合いを持っているのではないか。三升人形は八代目団十郎の似顔の人形で、荷風が大正三（一九一四）年三月、知り合いの古着屋から手に入れた。この頃、荷風は浮世絵、古本だけでなく人形、煙草入、根付など江戸趣味の骨董集めに、市川左団次とともに精を出していた。また「役者の死絵（しにえ）」にも関心を抱き、八代目団十郎の「死絵」を考証していた。

三升人形については「大窪だより」に、その入手経過の記述があり、「わが身は男なれば朝夕の世話とて思うにまかせぬ故親しき女の許へ」と書いている。「親しき女」とは八重次のことで、荷風が八重次と結婚式を挙げる五カ月前に、八重次に与えたものと分かる。荷風との仲が離婚という結末を迎えた八重次にとって、三升人形は、荷風と仲睦まじかった頃の記憶、さらに実弟夫婦に手放した実子内田芳夫氏を偲ぶ形見のようなものでなかったろうか。

離婚から二十四年経った昭和五（一九三〇）年十月五日付読売新聞の婦人欄に「愛すればこそ　永井荷風と別れた藤間静枝さん」という記事が掲載された。記者との一問一答の記事だ。

「別れた話をして下さい」

「どんな風に話しませうか」

「そうですね、第一あなたは手紙なんか置いてどうして、飛び出したんです。嫌ひになったんですか」

「どう致しまして、その反対すきです　とても食べたいくらい…」

「そこが問題です。結婚後随分仲もよく、可愛がってもくれたのですが、浮気は依然として止まないのです」

「芸者買ひですか」

「そうです。あたしが芸者だっただけに、内幕も眼に見えるようでやけてやけて仕方がなかったのです」

「すると、嫉妬のあまりお家出奔といふことになるのですか」

「その通り」

「そんな家出は長く続かないでせう」

「翌日、お仲人をしてくれた左団次の細君がやって来て、元の鞘へ戻れといふのです。そういはれると意地で、私は首を横にふりました」

「それからどうなりましたか」

「出た明くる日から會ひたくてく仕方がないんでせう。意地を張って頑張ってゐるうちに、今度は永井の方が悪化して来ました。周囲のものが、戻るとまかりならぬといふのです」

「仕方がないから、私はまた新橋へ出て元巴屋といふ芸妓家を始めました」

「永井さんはどうしました」

「永井にだって未練はあったんです。私を嫌ひではなかったのですから」

「すると、また一緒になったのですか」

「前より猛烈な恋が始まったわ」

「芸妓家に慶応の先生がゐるのですか」

「そうです。二階の一間を二人の部屋にして、焼けぼつくひに火がついたのです」

「二度目の恋愛生活はどうして破れたのですか」

「それは矢張り、雀百まで踊りを忘れるずといふわけで」

「また浮気ですか」

「そんな生活が三年も続いてゐるうちにもうとてもやり切れなくなったのです。こんな苦しい思ひをする位なら、いつそキッパリ別れてしまはうと思ひました」

「愛すればこそ別れたといふことになりますね」

「そう」

荷風は八重次と離婚した翌年の大正五年四月、自ら発行した文芸雑誌「文明」創刊号に「矢はずぐさ」という作品を載せ、三回にわたって連載した。この作品で荷風は自分の下を去った八重次との結婚生活を愛惜追憶した。

矢筈草は俗に「現の証拠」という薬草で「御輿草（みこしぐさ）」とも言われる。江戸時代より土瓶などで煎じて「茎も葉も痢病の妙薬」として服用されてきた。幼い時から胃腸が弱く腹痛に悩まされてきた荷風は長年、永井家に仕えてきた老婆が温めてきたこんにゃくを下腹に押し当てるなどして腹痛に対処してきた。八重次も芸者という職業柄、客の勧める嫌な酒を飲み干さざるを得ず、矢はず草を愛用して養生してきた。荷風は八重次に強く勧められ、矢はず草を服用して体調が回復したことから、赤坂見附、四谷、青山などの土手に足を運び、二人で矢はず草を摘み、自宅の庭に植えるほどになった。

「八重その頃は家の妻となり朝餉夕餉の仕度はおろか、聊かの暇あればわが心付かざる中に机の塵を払い硯を清め筆を洗ひ、あるいは欄の鉢物の虫を取り、あるいは古書の綴糸の切れしをつくろうなど、余所の見る目もいと殊勝に立働きてゐたりしが、故あって再び身を新橋の教坊に置き藤間某と名乗りて児女に歌舞を教ゆ」

「八重家に来りてよりわれはこの世の清福限無き身とはなりにけり。人は老を嘆ずるが常なり。然るにわれは俄に老の楽の新なるを誇らんとす。木枯さけぶ夜すがら手擦れし火桶かこみて影もおぼろなる燈火の下に煮る茶の味は紅楼の緑酒にのみ酔うものの知らざる所なり。」

「寝屋の屛風太鼓張の襖なぞ破れたるを、妻と二人して今までは互に秘め置きける古き文反古取出して読返しながら張つくろふ楽しみもまた大廈高楼を家とする富貴の人の窺知るべからざる所なるべし。」

「八重わが家に来りてよりわが稚き時より見覚えたるさまざまの手道具皆手入よく綺麗にふき清められて、昨日まではとかく家を外なる楽しみのみ追ひ究めんとしける放蕩の児も此に漸く家居の楽しみを知り父なき後の家を守る身となりしこそうれしけれ。」

人を滅多に褒めず、皮肉屋である荷風が、初めて知った家庭の味の楽しさを素直に吐露し、妻として尽くしてくれた八重次の数々の行いを無条件で礼賛している。「矢はずぐさ」は、荷風の数多な作品の中で極めて特異な作品である。八重次という存在が、気難しがり屋の荷風にここまで心境の変化をもたらせたのか、と驚く。

「小説を綴らんには是非にも篇中人物の性格を究め物語の筋道もあらかじめ定め置く要あり。かかる苦心は近頃病多く気力乏しきわが身の堪ふる処ならねば、むしろ随筆の気儘なる体裁をかるに如かじとてかくは取留めもなく書出だしたり。」

実子ミステリーが関係しているとみない限り、「矢はずぐさ」の作品は理解できない。荷風は八重次との間に出来た子供を八重次の実弟夫婦に渡してしまった。そのことで八重次が後々まで心を痛めている。その八重次の気持ちを荷風は重々分かり、紆余曲折を経て八重次を妻に迎え入れた。

しかし、その結婚も、女性への「性愛」という変えることのできない自分の性分の不始末に、さらに八重次の嫉妬心も重なって破局に至った。八重次には詫びようが無い。作家として自分にできることは何か。恥をさらしてでも「交情蜜の如し」の顛末を、作品として後世に残すことではないか。そこで「矢はずぐさ」を書いた。わたしはそう解釈したい。「矢はずぐさ」の作品は、「『矢はずぐさ』と題しておもひ出るままにおのが身の古疵かたり出でて筆となる家業の責ふさがばや。」という一行の書き出しから始まっている。

作家小島政二郎は、この「矢はずぐさ」を読んで「昔、崇拝していた荷風が再び帰って来たような気がした」と言っている。「矢はずぐさは作者自身老いを楽しんでいる風の主題である。荷風はまだ三十八歳の若さだった。三十八の若さで老いを楽しんでいる趣味は、言わば厭味だ。荷風は一生、厭味の抜けない詩人だった。厭味を身に付けていた間中、不思議と『いいもの』を書いた。厭味が彼の身から離れた瞬間、芸術の神も彼から離れた。彼の美しい文章を得て厭味とポーズと嘘が忽ち見事な散文詩に生まれ変わるのである」

作家吉屋信子によると、藤蔭静樹は酔うと「矢はずぐさ」の文章を一字一句たがえず朗々と暗誦して聞かせたそうだ。

―八重去ってよりわれ復肴饌（こうせん）のことを云々せず、机上の花瓶（かへい）永へに亦花なし―

この文章をサワリのように三唱し、心地よげに自己陶酔した。その姿はいじらしかった、という。藤蔭静樹にとって「荷風の妻」の称号は「女の勲章だった」。吉屋はそう述懐している。

第八章　「慶大・三田山上を去る」
＝教育者荷風の素顔＝

大正五（一九一六）年二月、荷風は慶応義塾大学文学科教授を辞任し、三田山上のキャンパスから去った。三十七歳だった。同時に「三田文学」編集主幹からも身を引いた。明治四十四（一九一一）年二月、森鴎外、上田敏の推薦で同大教授に招かれて以来、六年間の大学教授生活だった。表向きの辞任理由は「持病の腸の状態が悪く、体調がすぐれない」というものであった。

荷風は三田山上でフランス語、フランス文学、文学評論について生真面目に、分かりやすい講義を続けた。一方、学生たちにはフランクに接し、熱心に小説や詩を書くことを勧めた。久保田万太郎のように第二外国語にドイツ語を選んだ予科の学生や、水上瀧太郎のような理財科の学生にも希望すれば聴講を許した。荷風が教場に指定したのは三田山上の、品川湾を見晴らす丘の上に建つ洋館ヴィッカース・ホール。教授、学生が一体となった新風が吹き渡った。

投稿された学生の作品のうち、荷風は注目した作品を「三田文学」誌上に実際に掲載した。こうした荷風の積極姿勢が発奮材料となり、西洋文明のオーラに包まれた荷風に憧れ、学んだ学生の中から久保田万太郎、堀口大学、佐藤春夫、小島政二郎、水上瀧太郎らの文学者、詩人が次々と育った。「性愛作家」は立派な大学教師でもあった。

「三田文学」は森鷗外ら著名な作家の寄稿も受け、日露戦争の勝利という時代の空気の中で、新しい文学潮流のけん引役となった。自然主義の牙城「早稲田文学」と肩を並べる文芸誌に育っていった。

耽美的、官能的といわれる三田文学の水脈は、二十一世紀の今も日本文学界に連綿として受け継がれている。母が営む待合で芸者に囲まれ育った野口冨士男は「すみだ川」を耽読した。江藤淳は「荷風散人」と親しげに呼んだ。学徒出陣で近衛歩兵第三連隊に入り、「殴られてばかりいた」安岡章太郎は「濹東綺譚」が心の支えだった。戦後の荷風の生き様を痛烈に批判した遠藤周作も仏・リヨン滞在中、荷風に思いを馳せた。荷風はこうした多くの後輩作家に影響を与え、かつ愛された。

文芸評論家末延芳晴は著書「慶応義塾大学文学科教授　永井荷風」の中で、荷風は「山上の聖なる教育者」として振る舞う一方、丘の下では二人の新橋芸妓と交情を深めるなど、「下界の俗なる性的人間」として振る舞い、二つの相反する人間を「文学」というパスポートを手にして自在に行き来し、演じ分けた、と評している。

実際、久保田万太郎らの学生は「昼」と「夜」、違った顔を持つ荷風の生態に興味津々だった。彼らにとって新橋芸者は「高嶺の花」。大男の荷風に比べ小柄だった八重次を「へその緒」と呼び、話題にした。荷風は教授面をすることなく学生たちと世間話にも興じた。大学周辺での学生たちとのお茶代はいつも割り勘だった。権威主義を嫌った荷風は、性風俗の世界に通じた大学教授という荷風像の噂が広まることにより、「象牙の塔」という保守的なアカデミズムの世界に異分子として「文学、文学者とは何か」という問いかけを、身をもって示そうとしたのかもしれない。

荷風は八重次との離婚などで体調がすぐれず、大学の講義も休講しがちになった。「いつもお約束に背き申無之候。教師と作家とは到底両立せざるものにて土日と一日二日位のひまは有之とも精神状態が創作家的にならざる為遂に思はしきもの出来ずその為懊悩まかりある次第に候」。こんな苦衷の手紙を当時の中央公論社長宛に出している。

教壇に立ち、作家活動も続ける、という二足の草鞋を履く生活は窮屈になり、行き詰った。「三田文学」に連載していた労作「日和下駄」が出版され、代表作の一つ「腕くらべ」の執筆にも追われていた。「日和下駄」は、大正三（一九一四）年八月から翌四年六月まで九回にわたって「三田文学」に掲載された。荷風の東京散策記だ。

散策記というと、一般的には東京の名所旧跡を訪ね歩くイメージが浮かぶ。が、荷風の散策は日和下駄に蝙蝠傘（こうもりがさ）を持って、人が見向きもしない、あるいは打ち捨てられたような裏町、路地裏、堀割、閑地、崖、坂などをあてどなく、ひたすら歩き続けるものだった。今では死語となった淫祠、つまり小さな祠や石地蔵などに荷風は心を打たれた。

「裏通りにはきまって淫祠がある」と言い、「淫祠は昔から今に至るまで政府の庇護を受けたことはない。目こぼしでそのまま打捨てて置かれれば結構、ややもすれば取払われるべきものである。裏町の風景に趣を添える上からいって淫祠は遥かに銅像以上の審美的価値がある」と喜んだ。雨ざらしの石地蔵に上げてある願掛けの絵馬、手ぬぐい、線香などを見て「愚民の習慣に一種のものの哀れ」を感じた。

「腕くらべ」は新橋の芸者駒代を主人公に、芸者たちが旦那や情人を取り合う虚々実々の駆け引きを描いた荷風の花柳小説の決定版だ。二枚目役者だった十五世市村羽左衛門をモデルにしたといわれ、この人物を中心に話が進む。新橋花柳界の表裏を知り尽くしていた荷風ならでは、というより荷風にしか書けない作品、と言える。一見華やかにみえる花柳界でのしきたり、習わし、着物の着付、日本髪の結い方、花形歌舞伎役者の振る舞いなどを織り込み、芸者たちの日々、厳しい腕比べを見事に表現している。

「三田文学」の編集に関しても当初の情熱は失われていた。「三田文学」に掲載した谷崎潤一郎の作品などが内務省から発禁処分を受け、荷風はその後始末に追われたりした。「風俗壊乱は甚だ外聞悪し、やられるなら治安妨害の方名義よしなどと立腹せられる向き少なからざるよう聞き及び申し候」。掲載する原稿は大学当局の認可を経た上で印刷所に回されることになった。荷風の私的振る舞いも理財科の教授たちから「荷風は恥」との声が起き、ＯＢの間からも「荷風はいかん」と同調する者が出始めた。

原稿料は他の文芸雑誌に比べ高く設定されていたが、「三田文学」に陰りが出ると、売行きが落ち、財政負担を理由に大学当局が管理するようになった。荷風はすっかり嫌気が差し、新しい文芸雑誌「文明」の発刊準備を始めた。

荷風は慶応義塾を退職する直前、牛込区余丁町の広い邸宅の半分、即ち約五百坪を子爵入江為守に分譲した。入江は公卿出身の華族で、東宮侍従長、侍従次長、御歌所長を歴任した人物。大和絵に詳しく、漢詩もつくり、父久一郎とも交遊があった。二男が昭和天皇の侍従、侍従長を長く務めた入江相政だ。入江相政は「荷風から買い入れた地所は鬱蒼たる大木があって幽邃の趣があり、これが父の気に入ったのです。時には塀越しに邸内を逍遥している色の白い荷風の姿を見かけたこともあります。」と話している。

慶応退職後の三月、普請中であった邸内に新居が出来上がり、「断腸亭」と名付けた。

一カ月後には荷風主宰の文芸雑誌「文明」が籾山書店から発行された。新居を「断腸亭」と名付けたのには、腸の持病と好きな花・断腸花への思いを合わせた意味があったが、慶大教授辞任と「文明」発行という節目を、「断腸の思い」で新たなスタートを切ろうという決意も込められていた、ともみてとれる。

大正六（一九一七）年九月十六日、荷風は中絶していた日記をつけ始める。三十八歳。昭和三十四（一九五九）年四月、亡くなるまで四十二年間、書き綴られていく「断腸亭日乗」の始まりである。冒頭の文章は「秋雨連日さながら梅雨の如し、夜壁上の書幅を掛け替ふ。」とある。部屋に掛けていた書を父久一郎が所蔵していた書の中から自分が好きだったものに替えた、という記述だ。

荷風はこの「断腸亭日乗」を書き始めた日、籾山書店の籾山庭後に「文明」主筆の座を降りたい旨の手紙を書いている。「文明」の経営をめぐって籾山と意見の相違があった。煩雑な社会との関係を断ち、隠者的生活を送って、文筆に専念する意志を固めた、ととれる。荷風は実際に翌大正七年一月から「文明」への寄稿を断ち、程なく主筆も辞めている。

荷風は同七年八月、新居がなった余丁町の広い邸宅の土蔵を掃除していて意外な物を発見し、驚く。床下の片隅に炭俵、屑籠に包まれた陶器や文房具類があった。父久一郎が日本郵船上海支店長当時、上海から持ち帰ったものだった。

荷風は、母恆が荷風に渡すことを潔しとせず、隠したもの、と判断した。母親は義絶した弟威三郎宅に同居していた。母親思いの荷風は強いショックを受ける。ついに邸宅の売却を決意。すぐ実行に移した。日記に「嗚呼余は幾たびか此の旧宅をわが終焉の地と思定めしかど、遂に長く留まること能わず。悲しむべきことなり。」と記した。

地所家屋の売却金は二万三千円、書画骨董、蔵書を含めた家財道具は三千数百円だった。これらの金はすべて長男の荷風のものになり、母恆、威三郎には渡らなかった。威三郎は母恆の世話の他、荷風がほとんど付き合いを絶った永井家、鷲津家など親族との交際を続けていた。そのための経済的負担は馬鹿にならなかった、と思える。しかし、親族との交際を嫌った荷風は全く無頓着だった。引っ越しを選択した荷風は京橋区築地の売り家を二千五百円で購入し、移り住んだ。

荷風は雑誌「改造」に大逆事件に触れた「花火」を発表した翌年の大正九（一九二〇）

年五月、麻布市兵衛町に二階建ての洋館「偏奇館」を新築し、転居した。その日の断腸亭日乗は「母上下女一人をつれ手つだいに来らる。麻布新築の家ペンキ塗にて一見事務所の如し。名づけて偏奇館といふ」。偏奇館という風変わりな名は、ペンキ（偏奇）をもじったペンキ塗りの家の意味という。

上下ともベランダ、サンルームの無い総二階の造りで、一階に洋間、台所、風呂、便所、女中部屋があり、二階は寝室、書斎、納戸に分かれていた。書斎には籐の机に籐の椅子があり、書棚、筆、硯などは父久一郎の支那製の遺品だった。「偏奇館」は独居に便利な実用一点張りの洋風で、和室は三畳の女中部屋だけだった。荷風は和服を止め、洋服に改めた。永井久光氏の「父荷風」によると、ネクタイを腰ひも代わりにして、一階の女中部屋を万年床にして寝ていた、という。

愛弟子の作家佐藤春夫は、荷風は教鞭をとった慶大・三田山上の洋館・ヴィッカースホールが好きだった、とし、「偏奇館は同ホールを参考に建てられたのでは」と推測した。庭には樹々も多く、それとの調和で明治調の趣が出ていた。塀と門はお粗末なもので、板の切れ端のようなものに「永井」とのみ書かれた表札が釘で打ち付けてあった、という。

この「偏奇館」での独居生活で荷風が読書以外に楽しんだのは、起床してから庭の樹々の落ち葉を掃き、集めた枯れ葉を静かに燃やす焚火だった。落ち葉の火が燃え尽きるまで飽かずに眺め、もの思いに耽った。そして書斎の机に向かった。

新聞記者、文壇関係者をはじめ人付き合いを極度に嫌い、心を許した人間以外、「偏奇館」に入れなかった。「荷風先生はお留守です」と自ら平然と言って訪問者を追い返すこともあった。新聞に目を通すこともなかった。

明治生まれの荷風は武士の所作に似た古風な一面もあり、礼儀に厳しかった。手紙類は毛筆で書かれたもの以外は読まず、ゴミ箱に捨てた、という伝説も生まれた。恩師森鴎外の遺族に会う際は端座して礼を尽くすのを忘れなかった。元殿様の家系で明治の高級官僚の家で育っただけに美意識は徹底しており、背広、靴などは東京・銀座の高級店でしつらえていた。

大正十一（一九二二）年七月、文学上の師として終生、敬愛して止まなかった森鴎外が逝去した。享年六十歳。荷風と鴎外の関係は、荷風の一方的な尊敬の念だけではなかった。

鴎外も荷風の才能を高く評価し、ある意味で「肝胆相照らす」親しい仲であった。

鴎外の長男である森於菟氏は「永井荷風さんと父」という寄稿文の中で、「父の生涯を通じて数ある文学上の交友中、年少の友としては、年代順に上田敏さん、ことに学者として亡くなられるまで親しい仲であった。次は小山内薫さんであろうが、劇方面に偏したようである。与謝野さん夫妻などとの交も短歌という狭い部門に限られる。そこで上田さんの次に父が信頼し、一層広い範囲で傾倒したのは永井さんという事になる」と書いている。

荷風が「三田文学」の編集に奔走していた時、荷風は鴎外の私邸「観潮楼」を足繁く訪れ、意見を求めていた。「観潮楼」は本郷駒込千駄木の団子坂上にあった。この楼上からは、当時、左に上野谷中と連なる森、樹々の間からは五重の塔、右に本郷、下谷、神田、浅草と続く市街を見晴らすことができた。

森於菟氏は、鴎外、荷風の出会いの象徴として、荷風が「日和下駄」の「崖」という作品の中で、「観潮楼」からの眺望、鐘の音を聴いたことなどを感慨深げに記した有名な名文を挙げている。

その文章の一節は次のようなものだ。

根津の低地から弥生ケ岡と千駄木の高地を仰げばここもまた絶壁である。絶壁の頂に添うて、根津権現の方から団子坂の上へと通ずる一条の路がある。私は東京中の往来の中で、この道ほど興味のある処はないと思っている。

当代の碩学森鷗外先生の居邸はこの道のほとり、団子坂の頂に出ようとする処にある。二階の欄干にたたずむと市中の屋根を越して遥に海が見えるとやら、然るが故に先生はこの楼を観潮楼と名付けられたのだと私は聞伝えている。団子坂を汐見坂という由後に人より聞きたり。度々私はこの観潮楼に親しく先生に見ゆるの光栄に接しているが多くは夜になってからの事なので、惜しいかな一度もまた潮を観る機会がないのである。その代り、私は忘れられぬほど音色の深い上野の鐘を聴いた事があった。日中はまだ残暑の去りやらぬ初秋の夕暮れであった。

先生は大方御食事中でもあったのか、私は取次の人に案内されたまま暫く唯一人この観潮楼の上に取残された。楼は確か八畳に六畳の二間かと記憶している。一間の床に何かいわれのあるらしい雷という一字を石摺にした大幅がかけてあって、その下には古い支那の陶器と想像せらる大きな六角の花瓶が、花一輪さしてないために、かえってこの上もなく厳格にまた冷静に見えた。座敷中にはこの床の間の軸と花瓶の外は全く何一つ置いてないのである。額もなければ置物もない。おそるおそる四枚立の襖の明放してある次の間を窺うと、中央に机が一脚置いてあったが、それさえいわば台のようなもので、一枚の板と四本の脚があるばかり、抽出のなければ彫刻のかざりも何もない机で、その上には硯もインキ壺も紙も筆も置いてはない。

しかしその後に立てた六枚屏風の裾からは、紐で束ねた西洋の新聞か雑誌のようなものの片端が見えたので、私はそっと首を延して差覗くと、いずれも大部のものと思われる種々なる洋書が座敷の壁際に高く積重ねてあるらしい様子であった。世間には往々読まざる書物をれいれいと殊更人の見る処に飾立てて置く人さえあるのに、これはまた何という一風変わった癇癖であろう。

あたかもその時である。一際高く漂い来る木犀の匂と共に、上野の鐘声は残暑を払う涼しい夕風に吹き送られ、明放した観潮楼上に唯一人、主人を待つ間の私を驚かしたのである。

私は振返って音のする方向を眺めた。千駄木の崖上から見る彼の広漠たる市中の眺望は、今しも蒼然たる暮あいに包まれ一面に煙り渡った底から、数知れぬ燈火を輝し、雲の如き上野谷中の森の上には黄昏の微光をば夢のように遺していた。

鐘の音は余韻の後を追掛け追掛け撞き出されるのである。その度ごとにその響の湧出る森の影は暗くなり低い市中の燈火は次第に光を増して来ると車馬の声は嵐のように高く、やがて鐘の音の最後の余韻を消してしまった。

鴎外に続くように、一年後の大正十二年七月、高等師範学校附属尋常中学校以来の親友だった井上唖々が死去した。荷風は唖々の世間に背を向けたデカダンな生きざまに畏敬の念を覚え、文学上の付き合いを含め、生涯を通して心を許したただ一人の友人だった。唖々は幼少時に母を亡くし、継母との折り合いが悪く、世捨て人のように深川の裏長屋に住み、酒を友にしていた。「偏奇館」で訪問者を限り、隠者のような生活を送っていた荷風の身辺は淋しさを増した。

九月一日、関東大震災が起きた。昼食時の地震に強風が重なり、同時多発の火災が発生。人口二百二十万だった帝都・東京は壊滅的被害を受けた。犠牲者は約十万五千人。隅田川に近い墨田区横綱の陸軍被服廠跡地では、避難した約四万人のうち約三万八千人が強風による火災旋風で焼死する悲劇が起きた。

近代化と称した無秩序な開発で東京の景観が損なわれていくのを嘆いていた荷風、また荷風と別れ、芸道を一心に歩み始めた八重次はこの震災に際し、どう対処したのだろうか。荷風は「日将に午ならむとする時天地忽鳴動す」と「断腸亭日乗」に詳しく、その時の様子を記した。

荷風は書棚の下に座って嚶鳴館遺草という資料を読んでいた。書棚の本が頭の上に落ちてきたのに驚き、窓を開ける。そうすると塵煙がもうもうと上がり、良く見えず、女性や子供の声、犬の鳴き声がしきりに聞こえる。塵煙は付近の家の瓦が雨のように落ちたためだと分かる。逃げる準備を始めると、再び大地が揺れた。書物を持って表戸を開いて庭に出た。また大地が振動した。体がまるで船に乗っているように動く。門に寄りかかって恐る恐るわが家を振り返ると、屋根瓦が少し滑った程度で窓の扉も落ちていないのが分かり、少しほっとする。昼食をとろうと、近くの山形ホテルに行く。食堂の壁が落ち、食卓を路上に置き、数人の客が座っていた。食事の後、自宅に戻ったが、地震の揺れが止まないため家に入れず、庭に座って戦々恐々の気持ちで過ごす。曇り空は夕方に晴れ、半輪の月が出た。愛宕山に上り、市中の火災を観察した。赤坂溜池に迫った火災は霊南坂を上がってきたが、大村伯爵家の隣で止んだ。わが家から一町の所だった。

余震が続いたので四日になって荷風は、心配していた母恆の安否を確かめるため西大久保の弟威三郎宅を訪ねた。同宅は焼けもせず、恆は無事だった。この時、荷風は初めて威三郎の妻誉津と会う。威三郎は海外出張で不在だった。恆が実家の下谷竹町に住んでいた鷲津家の心配をしたので、荷風は誉津を伴って避難先とみられる上野公園に出掛けた。しかし、消息はつかめず、疲労困憊し、誉津に助けられてなんとか威三郎宅に帰宅した。

荷風と別れ、新橋で再び芸者家を営むようになった八重次こと静枝は、舞踊家として生きる覚悟を決めた経緯を、戦後の昭和二十四（一九四九）年十二月、サンデー毎日に発表した「自叙小伝」で振り返っている。

荷風との別れについては改めて「焼けぼっくいに火がついた。それも前より以上に烈しい火が。私は元々嫌で逃げ出したのではない。好きなればこそ飛び出したのだから、この再燃を心から嬉しく思い、荷風を昔通りの夫と思って仕え、暮らした。ところがこの人、元来熱し易く醒め易く、他所の花がすぐに良くなる人、例によって三月に一度、半年に一度となって来た。」

「これではジリ〳〵するのは前同様私だけ、ここでまた私の負けで恋しさからの苦しさ、侘しさからの味気なさは、遂には思い切るか死ぬかの文字通りのぎり〜。たまりかねてまた逃げ出したのが箱根の山中、強羅の奥に引籠って、この断ち切れぬ愛執のきづなと日夜戦った。」

「切れよう、そして生きよう、私は芸に生きるのだ。舞踊に、創作に、これを恋人にしよう、薄情な荷風なぞ犬にくれてやれと、決意を堅めたわけだ。」

新橋で芸者屋を再び開き、再出発した静枝は大正五年秋、大阪、京都で開かれた「東西名流演芸大会」に出演し、「京鹿子娘道成寺」を踊った。そして帰京すると、胸の中に「舞踊会を持ちたい」という願望が一層強くなった。師匠藤間勘右衛門の稽古場で仲の良い藤間勘次（森田草平氏夫人）、藤間藤代を誘って会の旗揚げを相談した。二人とも快諾してくれたので、師匠勘右衛門に話すと、意外に「いいだろう、やりな」と簡単に許してくれた。

しかも、「おめえ、その会で『四季の山姥』を踊りな。誰もやらねえから、それがいいだろう」と八重次の出しものまで決めてくれた。会の名称は静枝を応援していた洋画家和田栄作が提案の「藤蔭会」に決まった。

大正六年五月、日本橋の常磐木倶楽部で、記念すべき藤蔭会第一回公演が開催された。この会は「四季の山姥」が新しいものだったが、日本舞踊の温習会の域を出なかった。しかし、静枝は会が持てたことを心から喜び、「もう藤蔭会ははなさない。私はどんな苦難が襲って来ても、藤蔭会と共に歩もう。」と決心する。

張りきった静枝は同年九月三十日、有楽座で第二回公演を催した。この会で静枝は初めて長谷川時雨作「出雲於国」を上演、新舞踊運動の先駆者として旗幟を鮮明にした。歴史上の出雲阿国は、安土桃山から江戸時代にかけての女性の踊り手。かぶき踊りの創始者とされ、現代歌舞伎もここに由来している、といわれている。

京都で人気を博したことから、鴨川にかかる四条大橋東詰の京阪電鉄祇園四条駅前に出雲阿国の立像がある。右手に扇、左手で持った刀は肩に担いだお小姓姿で、鴨川を背に歌舞伎興行の南座を向いて立っている。

「出雲於国」の節付は杵屋巳太郎、振付は藤間勘右衛門だった。この「出雲於国」は踊りもさることながら舞台背景を当時、東京美術学校校長（現在の東京芸大）だった和田栄作が桃山調の華麗な絵を描き、踊りと調和して「絵巻物を見るような美しさがあった」と評された。舞台美術を初めて美術家が担当したのである。ひな壇正面に黒の着付の長唄連中が並ぶ違和感が解消されていない点はあったが、この第二回公演が歴史的に新舞踊の出発点とされている。この日は暴風雨の荒れた天候にもかかわらず、満員の盛況だった。

藤蔭会第七回公演は、大正九年九月、静枝の故郷・新潟市の新潟劇場で開催された。八重次は藤間流の踊りの名手・藤間静枝として、また作家永井荷風との結婚、破局で全国的に名を知られていた。このため前評判が高く、二日間とも千人を超す観客で大入り満員となった。百人以上の古町の芸妓が大挙して賛助出演するハプニングもあり、地元新潟でのビッグニュースとなった。失意のまま、あるいは夢を追い、何度か上京して新潟を離れた静枝は、晴れて故郷に錦を飾ることができた。

静枝は一人で舞う「お七狂乱」で、燃えるような緋鹿の子の振袖・編笠姿の八百屋お七に扮し、三十数分、熱演。万雷の拍手を浴びた。この時の舞台に感動した新潟新聞の記者で歌人でもあった人物は「今見るは　まこと静枝か　絵巻より　ぬけてお七が　狂う姿か」と詠んだ。辛抱強く静枝を見守り続けた養母佐藤しんは新潟駅で静枝を迎え、舞台の晴れ姿も見て感慨無量の境地に浸った。

静枝は新舞踊運動の舞台として後々まで語られることになった「思凡」を大正十年五月、東京・有楽座の第九回公演で演じた。「思凡」は明朝時代の古典劇。その粗筋は、幼い女児が親のため尼寺に入る。少女が十六歳の春を迎えた頃、寺の山門前で年頃の娘が若い男と戯れているのを見て、心のときめきを覚えた。それからは異性を想い、人の世に憧れる気持ちが高まり、遂には法衣を脱ぎ捨て僧院を去る、というものだ。

わが国の文学、音楽、劇は万葉集、平家物語などにみられるように、世の栄枯盛衰、人生の哀歓をうたったものが多い。が、「思凡」は女権運動など「抑圧からの解放」という大正時代を象徴した思潮をテーマにしていた。その点が画期的で、様々な反響、評価を呼んだ。この公演には梅幸、幸四郎、菊五郎、三津五郎、勘弥、猿之助、福助の歌舞伎役者が揃って姿を見せ、八重次の新舞踊に対する関心の高さを裏付けた。

一方、新舞踊に対する花柳界などからの反発も強くなり、この公演を気に静枝は芸妓を廃業し、新橋・花街での稽古も止め、舞踊ひと筋の道を選択する。静枝は同年十一月、宮城道雄の新日本音楽の演奏会を上野の東京音楽学校で聞いて、その新鮮さに感動。新たな意欲に駆られたが、翌十一年、資金面などでの藤蔭会の運営の苦労もあり、過労が重なって急性肺炎で倒れた。このため二月に予定されていた第十回藤蔭会公演は中止となった。

「絶対安静」を言い含められ、神田の病院に入院する前日、静枝は荷風に手紙を書き送った。「もう絶望ですたとへ一時は直っても長くはないでせう藤蔭会は命がけでやるかもしれませぬ然しいつ血をはくかわからないのですよ」などと悲壮感いっぱいの文章を書き連ねた。末尾に「永井旦那様」とあった。荷風は驚き、「断腸亭日乗」に「長谷川病院に入り、生命あやうしといふ。愕然酒醒め終夜眠ること能わず。」と記した。翌日午後、草花一鉢を抱えて早速病院に静枝を見舞った。受付で「面会謝絶」と言われたが、病室には見舞いの人が無かったため、病室に入り、静枝に会うことができた。日乗に「重患なれど養生すれば恢復の望みなきにはあらざるべし」と安堵の様子をみせた。荷風は一日おいてまた病院に静枝を見舞っている。

静枝の健康は完全には回復せず、大正十二年の夏、病院でしばらく静養を兼ね入院しようと考えていた矢先、九月一日午前十一時五十八分、関東大震災が発生した。静枝は麹町の英国大使館近くの住居に住んでいたが、身の回りのものを持って四谷見附の堀端で多くの避難民とともに不安な一夜を明かした。都心が壊滅的被害を受けたため静枝は大森の知人宅に身を寄せ、藤蔭会の仕事を徐々に再開した。門下生には新たに新劇女優岡田嘉子も加わった。

大正十四年六月、帝国ホテル演芸場で開催された第十六回公演で静枝は、アジアの砂漠を舞台に鬼子母神を主役にした「訶梨帝母」を公演した。勝本清一郎の異色の演出。五十人を超す管弦楽、混声合唱をバックに静枝は新舞踊の新たな道を求めて、鬼に化した母を熱情豊かに舞い狂った。

同年十二月の「断腸亭日乗」に荷風は「昨夜の胃の消化不良の故にや、眠ること能わず、薄明くなりしころ睡につきしに、八重次に逢ひたる夢をみたり。昨夜の夢のみいかなる故にや、寝めたる後もあり〳〵と心に残りたり。かの女静かなる庭を前にしたる中二階の如き家にいたるを、われ木の間がくれに見て忍び寄り、頻に旧情を温めむと迫りしかど、聴くべき様子もなかりし故悄然として立ち去りぬ。余かの妓と馴れそめし昔といへども、さまで心を奪はれゐたるにはあらざらしを、況んや別れて十余年を過ぎたるに、突然かくの如き夢を見んとは、誠に思ひもかけぬことなり。八重次震災の後いづこに住めるや、それさへ定かには知らざるなり。重ねがさね笑うべき夢なりけり。」と書いている。

「ああ！　パリー！　自分は如何なる感に打たれたであろうか！」

荷風は明治四十年七月、米国・ニューヨークから航路、フランスのアーブル港に着き、汽車で憧れのパリに入った。コンコルド広場、シャンゼリゼの大通り、凱旋門、ブローニュの森。目にするどの風景にも心が踊った。

新舞踊に奔走してきた静枝だったが、胸の内に次第にあの荷風が青春の情熱をたぎらせたパリに行ってみたい、という気持ちが沸き起こり、洋行への夢が膨らんでいた。

昭和三年（一九二八）六月、「時事新報」は「パリへ散歩にー　踊りの藤間静枝さん今秋出かける準備　数年の憧れに決心して」という記事を報じた。記事には「永井荷風氏の曽遊の地パリに於て、ラ・ヴィ・モンパルナスに赴くと言うのは面白い」とあった。静枝はインタビューに「パリに行って何をするのですかって？　なに散歩の延長ですよ。もしも食べるのに困ったら、場末のカフェで踊り位するかもしれませんね。」と答えている。

静枝のパリ行きは「思い切って新しいものに触れて来よう。心機一転、もっと、新鮮なものを生み出すことが出来るかも知れない…」という考えだった。九月の藤蔭会第十八回公演は送別舞踊会となり、客席から五彩のテープが投げられるなど惜別の感動的シーンが繰り広げられた。

静枝は家財一切を売り払って旅費に充て、十月十六日、山田耕作氏、北原白秋氏、藤蔭会同人ら多数の人に送られ、東京駅を出発。単身、シベリア経由でパリに向かった。四十九歳。日本舞踊家としては初めて、荷風の渡米から二十五年後れての外遊となった。

本土を離れ、釜山、奉天を通って満州里からソ連領に入り、モスクワまでシベリア鉄道の旅は続いた。車窓から長い、長い荒涼とした原野の景観に酒豪の静枝はたまらなくなり、駐ソ大使酒匂氏へ渡すよう預かった日本酒につい手が出てしまった。モスクワで市中見物、ベルリンで初めてみた肉体美の西洋のソロ・ダンスに感銘を受け、ようやくパリに到着したのは十二月だった。

昭和四年の正月を初めての地、パリで過ごせたことが静枝は嬉しくてたまらなかった。

そして荷風と同じ想いを抱けた感慨に浸った。

パリ滞在中の特筆すべき出来事は三月二日、シャンゼリゼのテアトル・フェミナでの公演だった。同劇場は客席五百人ほどの小さな芝居小屋だったが、世界に名高いシャンゼリゼだっただけに客種は良く、上品な小屋だった。着の身着のままでパリに来た静枝が思いがけない公演に恵まれたのは、パリに留学中だった日本人画家らの強力な後援があったからだ。

シベリア鉄道での支那服姿のまゝの静枝は、小柄な美人の「日本で名高い藤間静枝という踊りの先生」として、あっという間に画学生ら日本人画家たちの間で知られる存在となった。モンパルナスに借りたアトリエの住居は、画家たちのクラブという様相を呈した。故郷が新潟の同郷という作家吉屋信子とも知り合い、友情を深めた。

日本人画家たちは、花のパリの真ん中で初めての日本舞踊の公演を手づくりで成功させよう、と意気込んだ。パリ郊外にアトリエを借り、二月の寒い日々、出し物の「道成寺」「越後獅子」の背景場面の制作に明け暮れた。開演を告げる拍子木の「柝（き）」の音を本格的に?やりたいものだ、と画家の一人が引き受け、別のアトリエで仲間の応援を受け練習に励んだ。

静枝の「マチネエ・ド・ダンセ・ジャポネーズ」は公演当日、画家たちの他、パリ在住の多数の日本人が押し掛け、補助椅子まで出す満員の盛況。吉屋信子ら関係者が感激の面持ちで舞台を見守った。「柝」が高らかに鳴ると、幕が上がり、舞台のバックに故国・日本の春の風景が広がった。画家たちが精魂を傾けた背景画だった。静枝はピアノ、バイオリン、フルートの合奏で、「道成寺」を舞い始めた。

静枝は小さな体に日本舞踊を背負って懸命に踊り抜いた。公演を見に来たフランス人たちは「エバタン!(素敵)」「ジョリー!(美しい)」を連発した。が、本当は動きの少ない日本舞踊の良さは分からず、あまり面白くなかったらしい。一番受けたのは二拍子でリズミカルな「かっぽれ」だった、という。

しかし、静枝ならではの熱情は、パリ在住の日本人画家たちの心を揺らし、想定外の日本舞踊公演というイベントを達成させた。静枝は異国の地で日本舞踊史に新たな一ページを刻んだ。パリ、ロンドンでの生活は新発見の連続で、旅費を使い果たし静枝は、東京に無心の電報を打ち、日本郵船の伏見丸で七月、荷風同様、神戸港に帰国した。

昭和六（一九三一）年九月、藤間静枝は、藤間流家元藤間勘右衛門（松本幸四郎）の支配人から、藤蔭流を掲げ、藤蔭会の新舞踊公演を行うことに対し抗議を受けた。「藤間姓を返せ」という「苗字問題」が持ち上がった。新聞などもこの問題をセンセーショナルに報じた。先代の藤間勘右衛門は大正六年、藤蔭会の「勉強会」を積極的に許してくれたものの、静枝の創造的な新舞踊は伝統的なしきたりを重く見る花柳界、日本舞踊界では依然、異端視する向きがあった。また静枝の活躍に対する嫉妬、やっかみも相当根深いものがあった。

家元側は「静枝さんは当方の名取でありながら藤蔭流家元の名称を勝手に使っていますが、それでは家元としての取締りがつかないので反省を求めた。静枝の芸名も返してもらわねばならない思います」。

これに対し静枝は、あっさり藤間の姓を返上した。しかし「震災直後、教え子や後援者の勧めで新舞踊の藤蔭流家元を樹立して『府』（東京府）へ届け出済みです。静枝の名は師匠からつけてもらったのではなく、漢学の依田学海先生がつけてくれたのですから返上の必要はありません」と答えた。静枝にはあまたの苦労を乗り越え、新舞踊を育ててきた自負があった。何よりも静枝はもう舞踊界だけの存在ではなくなっていた。

第九章 「私娼窟玉の井」
＝軍靴の高鳴りに抗して＝

荷風の代表作は「濹東綺譚」と言われる。軍国主義に染まる世情の中、陋巷趣味の荷風が東京・向島百花園に近い新開地の私娼窟・玉の井を舞台に、自身をモデルにした「大江」という作家と若い娼婦「お雪」との静かな交情を描いた風俗小説だ。昭和十二（一九三七）年四月十六日付の東京大阪朝日新聞の夕刊から始まり、同新聞六月十五日付夕刊まで延べ計三十五回にわたって連載された。

この新聞小説は、夕刊立売りが売り切れになるほど大きな反響を呼んだ。秋庭太郎の「考証　永井荷風」（下）には「抒情小説の名作とも、私小説の傑作とも、社会小説の秀逸とも、新聞小説に一新体を招いたとも評され、文壇的名作と激賞されると同時に汎く大衆の賞讃をも博した」と述べられている。画家木村荘八の挿絵も見事で大好評だった。

慶大教授辞任後の長編花柳小説「腕くらべ」、昭和六年のカフェー全盛時代の「つゆのあとさき」以来の評判作となり、文壇から忘れられかけていた荷風復活を印象付けた。

朝日新聞の連載が終わった翌月の七月、中国では日中両国軍が銃火を交えた盧溝橋事件が勃発。近衛文麿内閣の下、この日支事変を経て日中戦争は泥沼化し、日本は太平洋戦争にひた走って行く。「濹東綺譚」は発表不可能の時勢となる直前に発表された作品であることも後に大きな意味を持った。

当時、日本を取り巻く内外情勢はどのようなものであったか。昭和天皇が即位して間もない昭和二（一九二七）年、国会での片岡直温蔵相の失言を機に鈴木商店の倒産、台湾銀行の休業など二年後の世界大恐慌に先駆けて金融恐慌を経験した。若槻礼次郎内閣の総辞職を受けた田中義一内閣の第一次の中国山東省出兵。昭和三年には第二次、第三次の山東省出兵と続いた。そして「満州某重大事件」と言われた張作霖列車爆殺事件が起きた。

西洋史学の元東大総長、林健太郎は「昭和史と私」の中で、「昭和悲劇」の始まりとして、若槻内閣の幣原外交をめぐる政界の動きを挙げている。蒋介石の国民党による北伐で中国統一が果たされようとした時期で、中国大陸における日本の権益とが衝突した。幣原外相は中国の民族主義の高まりを念頭に国民党との協調に動いた。これが「軟弱外交」と批判され、政友会が枢密院を利用して若槻憲政党内閣の倒閣に動いた。

この枢密院を使った政争の歴史のひとコマが、ようやく軌道に乗り始めた議員内閣制の立憲政治をはなはだ不健全なものにした、と指摘。「昭和時代初頭のこの二年間が、日本にとってクリティカルな歴史の転換点に当たっていたことはまちがいない」と言っている。

昭和六（一九三一）年九月、満鉄本線奉天駅に近い柳条湖で線路が何者かによって爆破された。関東軍は、近くに駐屯していた張学良軍の犯行としたが、実は関東軍作戦主任参謀・石原莞爾中佐らによる満州占領の口実作りの謀略だった。満州事変である。前年、東京駅で狙撃された浜口首相が死去。十二月、犬養政友会内閣が成立。高橋蔵相は金輸出再禁止を断行、緊縮政策がインフレ政策へ変わった。

翌七（一九三二）年は、一月に上海事変。要人暗殺の血盟団が前蔵相井上準之助、三井合名理事長団琢磨を相次いで射殺。五・一五事件が起き、「憲政の神様」と言われた犬養毅首相が首相官邸で海軍の青年将校らに銃殺された。海軍大将斎藤実内閣となり、これ以後終戦まで政党内閣は姿を消し、政党政治は命脈を絶たれた。

満州での関東軍の暴走を止めようとした犬養は、事件二週間前の五月一日、NHKラジオの前に立ち、国民に向かって「侵略主義は今では遅ればせのことであくまで平和をもって進んでいきたい。決して外国に向かって侵略しようという考えは毛頭持っていない」と演説している。

五月十五日の断腸亭日乗は「銀座に往きて夕飯を食す。日曜日なれば街上の賑ひ一層盛なる折から号外売の声俄に聞出しぬ。五時半頃陸海軍の士官五、六名首相官邸に乱入し犬養を射殺せしといふ。警視庁及政友会本部にも同刻に軍人乱入したる由。近年頻に暗殺の行はるること維新前後の時に劣らず。凶漢は大抵政党の壮士または血気の書生らにして、今回の如く軍人の共謀によりしものは、明治十一年竹橋騒動以後かつて見ざりし珍事なり。」

竹橋騒動とは、明治四十一年八月、西南の役で恩賞の沙汰が無かったことに憤激した近衛砲兵の軍曹らが起こした反乱。上官を殺害し、厩舎に放火。大隈参議宅に大砲を打ち込み、皇居に向かう途中、近衛歩兵に鎮圧された。銃殺五十三人など大量の処分者を出した。

昭和八（一九三三）年、国際連盟脱退。昭和十年、美濃部達吉博士の「天皇機関説」が退けられ、八月、陸軍省の執務室で永田鉄山軍務局長が皇道派の狂信的な陸軍中佐に日本刀で斬殺された。統制派の永田は誰しもが認める陸軍の逸材だった。永田はドイツに駐在中の大正三（一九一四）年、第一次世界大戦を体験。その教訓から「これからの戦争は国家総力戦」との信念を抱き、軍の「革新」を考えていた。が、皇道派の領袖、陸相荒木貞夫、教育総監真崎甚三郎の排除に動いた事から皇道派の青年将校らの恨みを買っていた。

昭和十一（一九三六）年二月、「昭和維新」を旗印に「尊王討奸」を叫ぶ陸軍皇道派の青年将校らによる二・二六事件が起き、内大臣斎藤実、大蔵大臣高橋是清、教育総監渡辺錠太郎の政府要人が殺害された。首相岡田啓介は義弟が人違いで殺害され、難を逃れた。

二月二十六日の「断腸亭日乗」は「朝九時頃より灰の如きこまかき雪降り来り見る見る中に積り行くなり。午後二時頃歌川氏電話をかけ来り、軍人警視庁を襲ひ同時に朝日新聞社日日新聞社等を襲撃したり。各省大臣官舎及三井邸宅等には兵士出動して護衛をなす。

ラヂオの放送も中止せらるべしと報ず。市中騒擾の光景を見に行きたくは思へど降雪と寒気とをおそれ門を出でず。九時頃新聞号外出づ。岡田斎藤殺され高橋重傷鈴木侍従長また重傷せし由。十時過雪やむ。」

帝都・東京に戒厳令が敷かれ、クーデターは未遂に終わる。同事件で黒幕とみられた真崎甚三郎大将が軍法会議に問われ、陸軍は東条英機ら統制派が実権を握った。

二・二六事件当日の市中の空気を知る興味深いエピソードを「歴史探偵」の半藤一利氏が「永井荷風の昭和」の中で書いている。菊池寛の動静である。当日夕、皇居に近い内幸町大阪商船ビル内で新進作家と徳田秋声の長女との結婚披露宴がひらかれた。大雪と非常事態で開催が危ぶまれたが、意外なことに河上徹太郎、丹羽文雄、吉屋信子、田辺茂一、永井龍男、中島健蔵ら文壇関係者多数が出席した。

しかし、定刻の時間になっても会は始まらなかった。媒酌人の菊池寛が現れなかったからだ。媒酌人は代役が務めることになったが、結局、菊池は姿を見せなかった。菊池は自宅で貝のように閉じ籠もっていた、というのである。反乱部隊の襲撃リストに菊池の名が上がっているとの風評が本人の耳に届いていた、というのがその理由だ。そして菊池は雑誌記者に「僕なんかも、もう無事でおられん世の中になったな」とつぶやいたそうである。

二・二六事件が引き起こした重苦しい空気はなかなか引かず、四月に入っても東京・上野の花見客の姿は少なかった。が、その空気は突然、ある事件の発生で破られことになる。五月十八日、東京・荒川区尾久町の待合で下腹部を切り取られた中年男性の惨殺体が見つかった。

十九日付の新聞朝刊は「尾久紅灯街に怪奇殺人　旧主人の惨死体に、血字を切り刻んで美人女中姿を消す」の見出しが踊った。東京市民は仰天した。「阿部定事件」の発生である。被害者は料理屋の主人で、犯人は元女中の阿部定（当時三一）と分かり、警視庁は全署を挙げて元女中の行方を追った。暗い時代のうっ憤を晴らすかのように、庶民はこの事件報道に一喜一憂して騒いだ。

作家伊佐千尋は阿部定事件を扱った作品「愛するがゆえに」の中で、「阿部定事件を理解するには、事件が起きた昭和十一年という特異な、暗い時代背景に目を向ける必要がある。もし､別の時代であったなら､事件はあのようにセンセーショナルな報道にならなかっただろうし、新聞がいくら派手に騒ぎ立てても、世人はそう乗りはしなかっただろう。派手な扱いとなったのは、自然の成り行きもあったろうが、目に見えない政府の意図が働いた。お定さんは時にとっての氏神となった」と書いている。

荷風が「濹東綺譚」を世に送り出したのは、軍靴が声高に鳴り出した時勢に抗する姿勢が働いたことは間違いない。荷風は欧米の遊学から帰国直後の「あめりか物語」に続く「ふらんす物語」が発禁処分を受けて以降、何度も内務省による発禁処分に遭った。明治政府を薩長閥の「軍人政府」と毛嫌いし、大正、昭和に入ってもその姿勢は変わらなかった。

慎重かつ臆病な性格の荷風は「国家権力」と対峙する怖さも身をもって知り、発禁処分を避ける術や狡知な知恵も働かせていた。「濹東奇譚」は、初老の作家と若い娼婦の「迷宮（ラビラント）」の淡い交情が主題。評判を呼んだ荷風作品に内務省の検閲当局も手をこまねるしかなかった。荷風も老獪な「反骨の作家」となっていた。

東京市向島区の私娼窟「玉の井」は関東大震災当時、浅草寺裏にあった銘酒屋が焼け、その業者らが新たな地を求めて新開地の「玉の井」に次第に移り、出来た赤線だった。知る人ぞ知る遊楽街で、一般の人には知られておらず、新聞の連載小説に対する反響の大きさは、私娼窟に関する記述が読者の興味本位に応えた面もあった。

「濹東綺譚」の中で、荷風は自ら「小説をつくる時、わたくしの最も興を催すのは、作中人物の生活及び事件が開展する場所の選択と、その描写とである。」と語っている。その言葉を裏打ちするように、荷風は小説の舞台とする場所の資料を事前に周到に調べ、入念に実査するのが流儀であった。

荷風が玉の井を知ったのは昭和七年一月二十二日である。「断腸亭日乗」によると、通院していた中州病院の帰り、清州橋からバスに乗り、堀切橋で降りた。放水路の堤を四木橋の方へ歩き「四木橋の影近く見ゆるあたりより堤を下れば寺嶋町の陋巷なり。道のほとりに昭和道玉の井近道とかきたる立札あり。大通を中にしてその左右の小路は悉く売笑婦の住める処なり。売笑婦の家はむかし浅草公園裏にありし時の状況と変わるところなし。祝儀はいづれも一、二円なりといふ。」とある。放水路は現在の荒川を指す。

荷風が小説の舞台として玉の井に強い興趣を覚え、玉の井詣でを始めたのは昭和十一年の二・二六事件から間もない四月からである。「娼婦の生態を描いてみたい」という欲求に駆られたのだ。荷風は、明治二十年代の公娼吉原の風情を描写した樋口一葉の「たけくらべ」、広津柳浪の「今戸心中」に心酔していた。そうした作品を十分意識していたことが考えられる。

当時四十三歳の荷風の調査は徹底していた。自分で歩いて確かめた略図という詳しい色街の地図をまず書き上げた。「断腸亭日乗」にも「浅草公園を歩み乗合自動車にて玉の井に至り陋巷を巡見す。」「晩餐後浅草より玉の井を歩む。陋巷迷路の形勢を知り得たり。然れども未精通するに至らざるなり。」の記述が見える。荷風の陋巷趣味が随所に顔を出す。

荷風は身長約百八十センチもある大男だ。ただでさえ目立つ人物だった。怪しまれないよう身分を隠し、町工場の職長のように古ズボンに古下駄姿で、毎夜、麻布の自宅「偏奇館」から電車とバスを乗り継ぎ、溝（どぶ）の臭気と、溝蚊（どぶか）の絶えない、路地が入り組む「玉の井」へ通った。山の手からディープな下町への記者顔負けの「現場百篇」だった。愛用のカメラを離さず、玉の井ならではの女性や路地風景を熱心にカメラに収めた。

五月十六日の「断腸亭日乗」に、「玉の井見物の記」が書かれている。「路地内の小家は内に入りて見れば、外にて見るよりは案外清潔なり。場末の小待合と同じくらゐの汚さなり。西洋寝台を置きたる家尠からず。二階へ水道を引きたる家もあり。又浴室を設けたる処もあり。一時間五円を出せば女は客と共に入浴するといふ。但しこれは最も高価の女にて並みは一時間三円、一寸の間は壱円より弐円までなり。路地口におでん屋多くあり。こ
こに立ち寄り話を聞けば、どの家の何といふ女はサービスがよいとかわるいとかいふことを知るに便なり。東北生まれの者多し。越後の女も多し。」

六月、七月、八月と荷風の玉の井行脚は夏の暑さもものともせず続く。そして九月二十日の「断腸亭日乗」は「日曜日にて街上雑遝（ざっとう）甚しければ電車にて今宵もまた玉の井の女を訪ふ。この町を背景となす小説の腹案漸く成るを得たり。」。翌日二十一日「燈下起稿」とある。この日に「濹東綺譚」の執筆が始まった。

その後「帰宅後小説執筆午前三時に至る。」「終日執筆。」「燈下また執筆一時寝に就く。」などと続き、十月七日「終日執筆。命名して『濹東綺譚』となす。」。そして同二十五日「晴れて暖なり。落葉を焚く。『濹東綺譚』の草稿成る。」。欄外に朱筆で「『濹東綺譚』脱稿。」

とある。荷風はこの名作をほぼ一カ月で書き上げた。よほど興が乗ったのか筆が進んだことが分かる。草稿を十分に練っていたとはいえ、凄い集中力だった。

「わたくしは殆ど活動写真を見に行ったことがない。」。「濹東綺譚」はこの有名な書き出しで始まる。作品の最初の部分を少し紹介する。

家に遊びに来た青年作家が時勢に遅れるからと赤坂溜池の活動小屋に連れて行ってくれたが、モーパッサンの短編小説を脚色したものであった。主人公は、原作を読んだ方が面白い、と青年作家に言う。

活動写真の看板を一度に一瞥できるのは浅草公園だ。主人公は浅草公園で看板を見尽くし、公園のはずれで言問橋か入谷に行くか迷っている時、ポン引きに「旦那、ご紹介しましょう。いかがです。」と声を掛けられる。思わず「吉原に行くんだ」と出まかせを言って追っ払った結果、散策は大門前日本堤橋の古本屋に向く。

古本屋で古雑誌の他、店に古着を卸しに来た男から女性ものの長襦袢を買う。近くの芝生の上で、途中で購入した缶詰など荷物を風呂敷に包み直していると、サアベルを持った巡査に「おい、何をしているんだ」と肩をつかまれ、不審者として派出所に連行される。氏名、住所、年齢など尋問を受けるが、紙入れに戸籍抄本、印鑑証明、実印が入っていたので無罪放免される。調べの中で氏名を「大江匡（ただす）」と答え、主人公の名が初めて明かされる。

主人公の大江は荷風を模した作家。「失踪」と題する小説を書こうとしていた。この小説の主人公は「種田順平」という五十歳代の私立中学の英語教師。五十一歳の時、退職手当を貰ったまま家族を捨て失踪する、というストーリーだ。

種田は恋女房に死なれてから数年して訳ありの女性と再婚した。訳ありとは、女性は十九歳の時、著名な政治家の夫人付き小間使いであったが、主人に騙されて妊娠、男児を産んだ。種田は、この母子の面倒をみてくれれば子供の養育費の他、相当の持参金を贈る、という話を旧友から勧められる。

三十歳で薄給の種田は、その話に乗った。種田夫婦の間にはその後、女児、男児が生まれ、種田は家庭を守るため懸命に働く。しかし、妻は肥満し、日蓮宗に凝り固まった。大きくなった子供たちの家庭内の喧騒に気の弱い種田は耐えきれず、失踪を決意する。失踪は種田なりの家族に対する復讐劇だった。

作家大江は、この作中小説の結末の舞台をどうしたものか、と思案しながら浅草から玉の井行きのバスに乗る。バスを降り、夏草を分けて土手に上ると、月の光に照らされ、トタン葺きの陋屋が果てしなく続く巨大な私娼窟・玉の井を発見する。路地口には「ぬけられます」「オトメ街」「京成バス近道」などと書いた灯がついていた。

荷風は格調高い「名文家」としてつとに有名だ。美しい文章が流れるように続く。言葉遣いが巧みで、一分の隙もない、文章を読み進むうちに、情景が目に浮かんで来る。会話のテンポも軽妙だ。「濹東綺譚」を読む度に、主人公大江が娼婦お雪と初めて出会う場面の文章表現に驚かされる。その場面は以下のように描かれている。

わたくしは郵便箱の立っている路地口の煙草屋で、煙草を買い、五円札の釣銭を待っていた時である。突然、「降ってくるよ。」と叫びながら、白い上ッ張を着た男が向側のおでん屋らしい暖簾のかげに駆け込むのを見た。つづいて割烹着の女や通りがかりの人がばたばた駆け出す。あたりが俄に物気立つかと見る間もなく、吹落る疾風に葦簀（よしず）や何かの倒れる音がして、紙屑と塵芥とが物の怪のように道の上を走って行く。やがて稲妻が鋭く閃き、ゆるやかな雷の響きにつれて、ポツリポツリと大きな雨の粒が落ちて来た。あれほど好く晴れていた夕方の天気は、いつの間にか変わってしまったのである。

わたしは多年の習慣で、傘を持たずに門を出ることは滅多にない。いくら晴れていても入梅中のことなので、其の日も無論傘と風呂敷だけは手にしていたから、さして驚きもせず、静かにひろげる傘の下から空と町のさまとを見ながら歩きかけると、いきなり後方から、「檀那、そこまで入れてってよ。」といいさま、傘の下に真白な首を突込んだ女がある。油の匂いで結ったばかりと知られる大きな潰島田（つぶししまだ）には長目に切った銀糸をかけている。わたしは今方通りがかりに硝子戸を開け放した女髪結の店があった事を思い出した。

吹き荒れる風と雨に、結い立ての髷にかけた銀糸の乱れるのが、いたいたしく見えたので、わたしは傘をさし出して、「おれは洋服だからかまわない。」

実は店つづきの明い燈火に、さすがのわたくしも相合傘には少しく恐縮したのである。

稲妻がまたぴかりと閃き、雷がごろごろと鳴ると、女はわざとらしく「あら」と叫び、一足後れて歩こうとするわたくしの手をとり、「早くさ。あなた。」ともう馴れ馴れしい調子である。「いいから先へお出で。ついて行くから。」

路地へ這入ると、女は曲がるたび毎に、迷わぬようにわたくしの方に振返りながら、やがて溝にかかった小橋をわたり、軒並一帯に葦簀の日蔽をかけた家の前に立留った。

「あら、あなた。大変に濡れちまったわ。」と傘をつぼめ、自分のものより先に掌でわたくしの上着の雫を払う。

「ここがお前の家か。」

「拭いて上げるから、寄っていらっしゃい。」

「洋服だからいいよ。」

「拭いてあげるっていうのにさ。わたしだってお礼がしたいわよ。」

「どんなお礼だ。」

「だから、まアお這入んなさい。」

主人公大江とお雪が出会ったのは、六月末のある日の夕方である。梅雨はまだ明けていなかった。「濹東綺譚」の小説は、ここから十月までの二人の交情を梅雨、夏、秋の季節の移り変わり、さらに大江が書こうとしている「失踪」と題する小説の成り行きを交えて展開していく。大江のお雪に対する初印象は、「なかなかいい容貌である。鼻筋の通った円顔は白粉焼がしているが、結立の島田の生際もまだ抜上がってはいない。黒目勝の眼の中も曇っていず唇や歯ぐきの血色を見ても、其健康はまださして破壊されて居ないように思われた。」とある。

ラジオ嫌いの荷風を模して、大江は、ラジオの音が嫌いだった。板塀一枚隔てた隣家のラジオが鳴り出すのは夕方からで、午後六時を合図に毎夜外出するのが習慣となり、足はお雪の住む玉の井に向かった。溝際のお雪の家がちょうどいい休息所になっていく。外出の理由は、ラジオからの逃走の他、創作「失踪」の実地観察、銀座丸の内のような首都枢要な市街に対する嫌悪などであった。

お雪宅の訪問が増えるにつれ、大江はお雪を「雪ちゃん」と呼び、年齢は二十六歳で、宇都宮で芸者をしていた経歴などが分かっていく。お雪も大江の職業を勝手に想像し、怪しい人物でない、と安心する。大江は段々お雪に心を寄せていく。

「男に対する感情も、わたくしの口から出まかせに言う事すら、其まま疑わずに聴きとるところを見ても、まだ全く荒みきってしまわない事は確かである。」

「銀座や上野辺の広いカフェーに長年働いている女給などに比較したなら、正直とも醇朴とも言える。まだまだ真面目な処があるとも言える。」

「銀座あたりの女給と窓の女とを比較して、わたしは後者の猶愛すべく、猶共に人情を語る事ができるもののように感じた。」


しかし、お雪が不意に発した言葉から、大江は切ない気持ちを抱きながらも、お雪と別れる決意を秘めていく。そのお雪宅の二階の三畳間でのやり取り―。

お雪は座布団を取って窓の敷居に載せ、その上に腰をかけて、暫く空の方を見ていたが、

「ねえ、あなた」と突然わたくしの手を握り、「わたし、借金を返しちまったら。あなた、おかみさんにしてくれない。」

「おれ見たようなもの。仕様がないじゃないか。」

「ハスになる資格がないって云うの。」

「食べさせることができなかったら資格がないね。」

大江は「お雪はいつとはなく、わたくしの力に依って、境遇を一変させようと云う心を起こしている。」と受け止めた。娼婦のような女性がその境遇を変え、その身を卑しいものではないと思うようになると、救うことのできない、あるいは制御しがたい悪知恵の働く女になる、というのが大江の女性観だった。今ならお雪に深い悲しみと失望を与えずに済む。またお雪の後半生を幸福な家庭人とするためには、前途に多くの歳月を持っている人でなければならない、と考えた。

九月に入り、大江はお雪が病気で入院していることを知る。そして十月になると、玉の井への夜歩きは辞め、以前の作家生活に戻っていった。

大江はお雪について、玉の井に似つかわしくない容色と才知を持った女性とし、「鶏群の一鶴」と評した。荷風の小説の主人公は、ほとんどが芸者、女給、街娼、娼婦などの玄人の女性たちである。世間から一段低くみられ、さげすんでみられる境遇で働く女性である。そうした、自分に与えられた境遇の中で、けなげに生きる女性に荷風は共感を寄せた。しかし、私娼窟のお雪ほど「ミューズ（女神）」に描かれた女性はいない。

荷風が迷宮（ラビラント）の娼婦お雪をこれほどまで美しい女性として描いた狙いは何

だったのだろうか。当時の暗い世相と関係しているのだろうか。お雪に具体的なモデルはいるのだろうか。玉の井の特定の娼婦を指すのだろうか。「お雪探し」は今なお荷風研究家、愛好家の間で結論をみないテーマである。

昭和十一年九月七日の「断腸亭日乗」には「折々来りみる中にふと一軒憩むに便宜なる家を見出し得たり。女はもと洲崎の某楼の娼妓なりし由。年は二十四、五。丸顔にて眼大きく口もと締りたる容貌、こんな処でかせがずともと思はるるほどなり。」とある。この娼婦に関する記述は長く、お雪が別の客と外出する際、主人公大江が留守番を頼まれる「濹東綺譚」の一節と符号する部分も出てくる。

相磯凌霜氏の「荷風余話」に、荷風が小説のモデルについて語った興味深い記述がある。「小説の主人公とするモデルには、決して一人の特定の人物は使わない。四人とか五人とか色々な人から各々その人からの特徴を剔出して一つにまとめ一人の人間を創り上げる」というものである。この荷風の言葉は「つゆのあとさき」の主人公・女給君江について述べたくだりだ。相磯氏は「先生が長い年月をかけて、大勢の女給の中から苦心惨憺、遂に一人の君江と言う意中の人物を創り上げたものと見える。」と述べている。

「濹東綺譚」という作品には荷風らしい意匠が巧に凝らされている。作家の主人公大江という名前は「永井家」の本姓で、文学に秀でた家系だった、と伝えられている。荷風は自分の出自を意識して主人公の名前を大江にした。

また「濹東綺譚」は、作家大江とお雪の交情という本題と、大江が執筆中という作中小説「失踪」が同時に展開していく二重仕立ての特異な作品になっている。「失踪」は中学校の英語教師が退職金を持って突然、家族を捨て姿をくらまし、若い女性との生活に新たな希望を見い出す、というストーリーだ。意外性に富み、読者の興味をそそる仕立てではないか。

さらに「失踪」の主人公の英語教師が再婚した妻は、政治家にだまされ、男児の私生児を産んだ女性として紹介されているが、これにはモデルが実在する。政治家とは、荷風の叔父・元福井県知事阪本釤之助で、父久一郎の実弟である。私生児とされる男児は作家高見順だ。阪本は昭和五年、高見順を「自分の子」と認知している。英語教師の名「種田順平」の順は高見順から取った、とみられる。

荷風は明治三十五（一九〇二）年十月、阪本をモデルにした初期の作品「新任知事」を発表した。この作品で、阪本は立身出世欲に凝り固まった政治家として描かれた。阪本は同年二月に福井県知事に赴任したばかりで、荷風の作品「新任知事」で大いに体面を失した。阪本は、兄久一郎に手紙を書いて息子荷風の行状を責め、荷風を絶縁処分にした。一方、高見順は生涯、荷風を敬愛してやまなかった。

「濹東綺譚」の新聞連載で、玉の井は全国各地に人知れずあった歓楽街・赤線の代表格となった。しかし、私娼窟の実態を反映していない、という批判もあった。「濹東綺譚」はあくまで文学作品であって、私娼窟の深訪記ではない。批判は当を得てない、と思う。

ここで「歴史探偵」の半藤一利氏にまた登場して貰う。半藤氏は玉の井の隣町吾妻町で育った人物だからだ。半藤少年の目に映った玉の井の情景は実際、どんなものであったのか。「永井荷風の昭和」の中から、その一節を紹介する。

寺島町の一角が気になる場所と、やたらに意識されたのは小学校五年生のとき。魔窟である、迷路である、化け物が出ると教えこまれて初めて悪餓鬼とともに乗り込んだ。はっきり憶えているのは、ごたごた建て連なった商店街の間の路地口に「ぬけられます」「安全通路」「京阪バス近道」など、看板がいくつもかけられていたこと。

昼であったから灯りはついていない。細道に入ると、縦横に交り合い、左右に曲がりくねって、両側に軒をつらねた小さな家がならび、家には小さな窓がついていて、前にくさい泥溝があって…窓から女の人が真っ白い首を長々とさしだして、光った金歯をみせてニヤリとした。

「まだ早いよ。毛が生えてからおいで」

私娼窟・玉の井の実情が分かる貴重な記録がある。長年、玉の井について聞き取り調査をしてきた弁理士日比野恒明氏がまとめたものだ。赤線を所管していた警視庁衛生部の昭和十（一九三五）年の調査が含まれている。玉の井は巨大な銘酒屋街であった。お雪のような娼婦を日々、働かせていた銘酒屋という業者は、四百七十七戸に上った。当時、いわゆる娼婦は女給と呼ばれ、その数は九百十三人となっている。

玉の井は、終戦後、カフェー街として生き延びた。昭和二十八年ごろ、カフェーの数は百二十一店舗。ほとんどのカフェーは、戦前の長屋を改造して使われ、二階が女給の部屋となっていた。こうした赤線では「自由恋愛」が建前。女給が自由に客の呼び込みをし、客と遊びや値段を交渉していた。遊びの種類はショート、ロング、泊まりの三種があった。

売り上げは、カフェーの経営者と女給の間で玉割り（ぎょくわり）というしきたりがあり、「四分六」「五分五分」で、双方が分け合っていた、という。昭和三十一年の、ある女給の一日の売上げは、客十二名の時、七千五百円。客二十一人の時は一万四千円、という記録が残っている。

当時、公務員の初任給は、大卒八千七百円、高卒で五千九百円だった。女給の稼ぎの多寡をどうみるか。売春という稼業をどうみるかによって、見方は変わるだろう。こうした赤線は、昭和三十二年四月の売春防止法の施行でほとんどが姿を消した。

昭和十一（一九三六）年十月二十八日の「断腸亭日乗」に「拙稿『濹東綺譚』を『朝日新聞』夕刊紙上に掲載する事となす。」という記述がある。日乗に「脱稿」と記したのが二十五日だから、脱稿直後、朝日新聞掲載が決まったことになる。事前に出入りの同新聞記者と話し合いが出来ていた、と推測される。しかし、実際に連載が始まったのは翌年四月からだった。

「濹東綺譚」の連載に踏み切った朝日新聞社内には、連載をめぐって議論があった、といわれている。当初、連載は荷風が作品を書き終わって直後の昭和十一年末に掲載される予定であった。それが「玉の井の女を描くような軟文学は時勢に合わないのでは…」との強い意見などが出て、掲載は翌年にずれ込んだのである。

当時、朝日新聞社では東京―ロンドン間に陸軍の司令部偵察機キ―15を改装した「神風号」を飛ばす大イベントが進行中だった。実際、立川からロンドンに飛んだのは、「濹東綺譚」連載開始直前の昭和十二年四月六日で、同十日、ロンドンに到着。日本最初の国際記録を打ち立てた。このイベントのため、同社内で陸軍に遠慮して掲載を遅らせた、という話も伝えられている。

荷風は「濹東綺譚」の好評に気を良くして、次に吉原を舞台にした小説を書こうとし、毎夜の如く吉原に逗留した。「今宵は江戸一の彦太に宿す。北里を描くべき小説の腹案やや成る」「今は妓楼が余の寝室の如く、我家はさながら図書館の如く思はるるやうになりしもかし」。「断腸亭日乗」にこうした記述が続く。

が、結局、断念した。「私も随分力を入れ熱心に廓へ通いました。小説の主人公も、住む町も、みんな決めてありましたが、どういうものかそれからそれと構想が大きくなって、とうとう纏りが付かなくなってしまって諦めてしまいました」。相磯凌霜氏に語った言葉である。荷風が吉原を舞台に書こうとした小説は、どんなストーリーだったのだろう。主人公は花魁か？　娼婦お雪とどう違うのか。「今戸心中」を踏まえた悲恋だったのだろうか。想像は果てしなく膨らむ。作品が日の目を見なかったことは返す返す残念だ。

「濹東綺譚」の新聞連載が終わった直後の六月二十二日、荷風は日本堤から三ノ輪方面に歩いて荒川区南千住二丁目の浄閑寺を訪ねた。江戸時代には〝投げ込み寺〟といわれ、広津柳浪の「今戸心中」には〝無縁寺〟と書かれている。「断腸亭日乗」に「今日の朝三十年ぶりにて浄閑寺を訪ひし時ほど心嬉しき事はなかりき。」とある。

寺の裏には「新吉原総霊塔」と彫られた石碑が立ち、真向いに谷崎潤一郎らが建てた荷風の詩碑がある。

「今の世のわかき人々

われにな問ひそ今の世と
また来る時代の芸術を。
われは明治の児ならずや。
その文化歴史となりて葬られし時
わが青春の夢もまた消えにけり。
団菊はしをれて桜癡は散りにき。
一葉落ちて紅葉は枯れ
緑雨の聲も亦絶えたりき。
圓朝もされり柴朝も去れり
わが観劇の泉とくに枯れたり。
われは明治の児なりけり。
或年大地俄にゆらめき
火は都を焼きぬ。
柳村先生既になく
鴎外漁史も亦姿をかくしぬ。
江戸文化の名残　となりぬ。

今の世のわかき人々
我にな語りそ今の世と
また来む時代の芸術を。
くもりし眼鏡ふくとても
われ今何をか見得べき。われは明治の児ならずや。
去りし明治の世の児ならずや。」

境内で荷風は吉原角海老楼の遊女若紫の墓を見つける。若紫は「吉原一」と権勢を誇った遊女だったが、明治三十六年夏、狂客の刃にかかり、二十二歳の若さで非業の死を遂げた。碑文を読んで荷風はしばらく感慨に耽った。そして「余死するの時、後人もし余が墓など建てむと思はば、この浄閑寺の塋域娼妓の墓乱れ倒れたる間を選びて一片の石を建てよ」という有名な文章を書き残した。

昭和十二年は「濹東綺譚」の新聞連載の他、荷風にとって忘れられない年となる。母恒の死である。恒は九月八日、東京・西大久保の弟威三郎宅で亡くなった。七十六歳だった。翌日、使いの者が来て荷風は母の死を知った。

母恆の病状が悪化していく事情を、荷風は春頃から重々、承知していた。親戚から何度も連絡が入り、見舞うよう勧められていたからだ。荷風は母を見舞うべきか、それとも弟威三郎とのこれまでの関係に固執して無視を装うか迷っていた。

そこで注目すべき記述が「断腸亭日乗」に現れる。四月七日の日乗だ。「空晴れ南風烈しく俄に暑し。鷲津郁太郎再び書を寄す。（注・母上病重いとの報せ）夜ひそかに内田八重を電話にて招ぎ母上御臨終の際余の取るべき態度につき語るところあり。八重の車にて帰りし時は深夜一時なり。」

昭和に入ってほとんど交際の途絶えた関係だった内田八重こと藤蔭静枝に荷風が自ら電話をかけて呼び出し、相談したのだ。静枝が創設した新舞踊の藤蔭会は二十周年を迎えようとしており、静枝は舞踊界のみならず演劇、音楽、美術など多方面から注目を浴びる存在になっていた。

静枝は荷風からの突然の電話にさぞ驚いただろう。同時に、内心嬉しさが込み上げたのではないだろうか。相談事が、荷風の母恆の病状悪化に関する重大事だったからである。

恆は、静枝が芸者八重次を名乗っていた当時、荷風の家族の中でただ一人八重次のことを認めてくれた恩人だった。恆の許しがあったからこそ、名家永井家の長男荷風と結婚することができた。

突然の電話は、母親思いの荷風が、心を痛めている母恆の病状悪化、さらに万一の場合、恆の葬儀に参列すべきかどうかについて「相談に乗ってほしい」と頼んで来たことを意味する。二人の話し合いは深夜過ぎに及んだ。荷風は迷っている自分の心中を隠すところなく静枝に吐露したに違いない。

荷風は数多の女性と交情を重ね、他人が決して真似の出来ないほど遊興に耽った。最も長く囲って愛人としていたのが麴町三番町の川岸家のお抱え芸者寿々龍こと関根歌だった。二十歳台の通称お歌さんを荷風は五百円で身受けし、昭和二年から五年ほど世話。権利金三千五百円も出し、待合「幾代」という店も持たせている。

「新聞雑誌などはあまり読まず、活動写真も好まず、針仕事拭掃除に精を出し終日襷をはづす事なし、昔より下町の女によく見らるる世帯持の上手なる女なるが如し」。お歌さんは色白の中肉中背。金品をねだったり、嫉妬心もなかった。荷風はお歌さんを気に入っていた。

しかし、荷風にとって元新橋芸者八重次こと藤蔭静枝は、お歌のような女性とは別格の存在だった。荷風ほどの男が判断に迷う事柄について、相談できる相手は、元妻の静枝一人だけだったのだ。

荷風と静枝が相談仕合った結論は、同月三十日の「断腸亭日乗」で明らかになる。同日の日乗は「午後村瀬綾次郎来りて母上の病すすみたる由を告ぐ。されど余は威三郎が家のしきみを跨ぐことを願はざれば、出でて浅草を歩み、日の暮るるを待ち銀座に食し富士地下室に憩ふ。」

さらに「余と威三郎の関係」と題し、不仲の理由を次のように列記した。

一　威三郎は余の思想及び文学観につきて苛酷なる批判的態度をとれるものなり。

一　彼は余が新橋の芸妓を妻となせる事につき同じ家に住居することを欲せず、母上を説き家屋改築を表向の理由となし、旧邸を取壊したり。余が大正三年秋余丁町邸内の小家に移りしはこれがためなり。

一　余は妓を家に入れたることをその当時にてもよき事とは決して思ひをらざりき。唯多年の情交俄に縁を切るに忍びず、かつはまた当時余が奉職せし慶応義塾の人々も悉くこれを黙認しゐたれば、母上とも熟議の上公然妓を妻となすに至りしなり。

一　彼は大正五年某月余の戸籍面よりその名を取り去りて別に一家の戸籍をつくりたり。これによりて民法上兄弟の関係を絶ちたるなり。

弟威三郎に対する不興を書き連ねた項目は八項目にも上った。そして「余は母上の臨終及葬式にも威三郎方へは赴くことを欲せざるなり」と締めくくった。

荷風の相談に乗った静枝は「お母さんは貴方に会いたがっていると思うわ。もう会えなくなるかも知れないのよ。貴方の気持ちも分からないではないが、足を運んだら…」。最低限、これくらいのことを荷風に言い、諭しただろう。

が、結論をみると、荷風は自分の我を通した。相談とはいえ、自分の苦衷の胸中を静枝にだけは明かし、理解して貰いたかった。ただそれだけが荷風の目的だったかも知れない。

八項目の中には、「威三郎が結婚を知らせず、妻の名前、顔も知らない」とか「威三郎方を訪問した時、子供たちが帰れ、帰れ、と言った」などという感情的と思える言い分もある。「断腸亭日乗」に書かれている、こうした言い分は、必ずしも事実に即しているとは言い難い。「断腸亭日乗」の記述には、荷風の思い込みがあったり、また自分に都合の悪いことは書かれていないことがあるからだ。

恆は三人の息子の中で長男荷風を最も愛した。自分によく似た息子であったので、長所、短所を含め放蕩息子は可愛かったのだろう。しかし、荷風は日乗に示した決意通り、恆の通夜にも葬式にも出席しなかった。恆はキリスト教信者であった。葬儀は威三郎の手によって遺漏なく粛然と執り行われた。

「泣きあかす夜は来にけり秋の雨。」「秋風の今年は母を奪いけり。」

わがまま息子荷風は、この句を偏奇館で詠み、一人寂しく母を偲んだ。

第十章 「荷風余話」＝敗戦、それ見たことか＝

昭和二十（一九四五）年八月十五日、終戦の日、荷風は谷崎潤一郎の疎開先、岡山県勝山市から谷崎に見送られて汽車に乗り、午後二時過ぎ、岡山市に戻った。車中で谷崎夫人から贈られた弁当を食べた。白米のおむすびに昆布佃煮、牛肉が添えられていた。「断腸亭日乗」には「欣喜措く能はず、食後うとうとと居眠りする」とある。荷風は十三日、岡山から勝山入りし、十四日夜、谷崎宅でスキ焼をご馳走になっていた。

昭和天皇の終戦の玉音放送について、日乗は「午後二時過岡山駅に安着す。焼跡の街の水道にて顔を洗ひ汗を拭ひ、休み休み三門の寓舎にかへる。S君夫妻、今日正午ラヂオの放送、日米戦争突然停止せし由を公表したりと云ふ。」とある。そして「あたかも好し、日暮染物屋の婆、鶏肉葡萄酒を持来る、休戦の祝宴を張り皆々酔うて寝に就きぬ。」。日本の敗戦を知って葡萄酒で「祝宴を張った」のは、多くの作家の中でも永井荷風だけだったのではないか。荷風は内心、「それ見たことか」と叫んだに違いない。荷風は六十六歳だった。

令和三年十二月五日、コロナ禍に千葉県市川市の市川市文学ミュージアムで第十三回「荷風忌」が開かれ、静岡県立大学教授の細川光洋氏が「日記と歌から見る荷風・勇の戦後」と題して講演した。

「勇」とは北原白秋、石川啄木らとともに「明星」派を代表する歌人、吉井勇である。荷風より七歳年下で、優美華麗な歌風で知られる。荷風、さらに藤蔭静枝が新橋芸者の巴屋八重次時代から親交があった。京都・祇園を流れる白川を詠った「かにかくに祇園は恋し寝るときも枕の下を水のながるる」の歌が有名だ。昭和二十二年、市川市に移り住んだ荷風を想って吉井が詠んだ歌の中に「矢筈草煎ずるひともいまはなく葛飾住みもわびしかるらし」という一首がある。「矢筈草煎ずるひと」は言うまでもなく藤蔭静枝のことである。

細川氏の講演の主題は、荷風、吉井勇、谷崎潤一郎、斎藤茂吉の日記を取り上げ、日本を代表する文人たちが敗戦をどう受け止めたかを比較、紹介することにあった。その結論では、荷風と吉井、斎藤とは敗戦の受け止め方に歴然とした差があることが分かる。「祝宴を張った」という荷風の「反骨の作家」ぶりが際立っている。

吉井は疎開していた富山県八尾で「正午らじおより流し出し来れるは陛下御親讀の詔勅にして、哀調を帯たる玉音にて、共同宣言受諾の旨を述べさせ給ふ。大御心のほどを思へば涙なしには聴き奉る能はず。日本国は遂に本土、九州、四国、北海道に狭められて、明治維新后の覇業遂に空し。」

山形県上山に疎開していた斎藤茂吉は「正午、天皇陛下の聖勅御放送、ハジメニ一億玉砕ノ決心を据エ、羽織ヲ著テ拝聴し奉リタルニ、大東亜戦争終結の御聖勅デアッタ。噫、シカレドモ吾等臣民は七生奉公トシテコノ怨ミ、コノ辱シメヲ挽回セムコトヲ誓ヒタテマツツタノデアッタ」と記している。

終戦の日の「断腸亭日記」を特記するのは、日本の軍国主義がついに破綻を迎えた歴史的な日であるから分かり易い。が、昭和七年の五・一五事件、同十一年の二・二六事件で国民の目に陸海軍の専横ぶりが目に焼き付いた日以降、荷風が「断腸亭日乗」に何を書いていたか、心を許した知人達と何を話していたかを概観するだけでも、荷風の反骨ぶりは容易に分かる。

昭和十二年七月、近衛内閣の下、支那事変が起きた際、荷風は銀座のカフェーで神代帚葉と食事をしながら「そらね、日ごろここでこんなまずい夕飯を食っていたのはここですよ、治に居て乱を忘れぬ心掛。今にこれさえ食べられない日が来ますよ。それに万里の長城の壁一面に日本人排斥のビラが貼られ、やがて世界中が日本を相手にしなくなりますぜ」との言辞を吐いた、という。佐藤春夫は「小説永井荷風伝」の中で、荷風が日中戦争が拡大、泥沼化し、太平洋戦争に続いて行く道程を予言者のように言った言葉として紹介している。

昭和十五（一九四〇）年九月二十八日、日独伊三国同盟が締結された。この日の「断腸亭日乗」は「世の噂によれば日本は独逸伊太利両国と盟約を結びしといふ。愛国者は常に言へり、日本には世界無類の日本精神なるものあり外国の真似をするに及ばずと。然るに自ら辞を低くし腰を屈して侵畧不仁の国と盟約をなす。国家の恥辱これより大なるはなし。」

日本海軍がハワイ・オアフ島の米太平洋艦隊基地への真珠湾攻撃に踏み切り、日米開戦の号外が出た昭和十六年十二月八日、荷風は発表のあてもないまま「浮沈」（うきしずみ）という小説を書き始めた。その後日、銀座の喫茶店で演劇研究家の杉野橘太郎と雑談中、突然「アメリカと戦争するなんて莫迦ですよ。負けるにきまっていますぜ」と放言。杉野をハラハラさせた。秋庭太郎氏の「考証　永井荷風」に記されている。

荷風は戦時中、作家達の言動にも厳しい目を向けていた。昭和十二年六月、帝国美術院が改組され、芸術全般にわたる帝国芸術院ができて会員が増えた。文芸部門には幸田露伴、徳田秋声、泉鏡花、徳富蘇峰、斎藤茂吉、菊池寛、佐々木信綱、谷崎潤一郎、武者小路実篤、志賀直哉らが顔を揃えた。辞退したのは、永井荷風をはじめ正宗白鳥、島崎藤村ら少数だった。

戦時中の言動で荷風の不興を買い、「三田文学」門下から破門同然の扱いを受けるようになったのが佐藤春夫だ。慶大文学科教授になった荷風を慕って同大に入学。堀口大学らとともに「三田文学」創成期に名をなした詩人で、荷風に愛されていた。しかし、昭和十三年九月、海軍の「ペン部隊」に参加、漢口攻略戦に戦闘帽をかぶって従軍した。同年八月二十八日の「断腸亭日乗」に「佐藤慵斎君来話。文士数名と共に軍艦に乗り漢口に赴く云」とある。佐藤は律儀に偏奇館に挨拶に行っている。

しかし、この従軍が荷風の怒りを買った。荷風にすれば、作家が軍服姿で時局に便乗し、戦争に協力するとは何事か。何様のつもりだ。日支事変というが日本の侵略戦争だろう、という考えだったのだろう。以後、佐藤に対する荷風の態度は辛辣を極める。

昭和十六年三月二十二日の「断腸亭日乗」は「日本詩人協会とか称する処より会費三円請求の郵便小為替用紙を封入して参加を迫り来れり。会員人名を見るに蒲原土井野口あたりの古きところより佐藤春夫西条八十などの若手も交じりたり。趣意書の文中には肇国の精神だの国語の浄化だのいふ文字多く散見せり。佐藤春夫の詩が国語を浄化する力ありとは滑稽至極といふべし。これらの人々自らおのれを詩人なりと思へるは自惚の絶頂といふべし。」

荷風は「断腸亭日乗」で厳しい時局批判、「町の噂」「風聞録」などと称して軍人や右翼壮士らが密かに行っていた悪事等を暴露し続けた。が、身の危険も感じて内心は穏やかでなかったらしい。昭和十六年六月十五日の「断腸亭日乗」は「今年二月のころ杏花余香なる一篇を中央公論に寄稿せし時、世上これをよみしもの余が多年日誌を録しつゝあるを知りて、余が時局について如何なる意見を抱けるや、日々如何なる事を記録しつゝあるやを窺知らむとするもの無きにあらざるべし。余は万々一の場合を考慮し、一夜深更に起きて日誌中不平憤慨の文字を切去りたり。また外出の際には日誌を下駄箱の中にかくしたり。」と書いている。

中央公論に発表した作品「杏花余香」は、亡友市川左団次との交友を書いた追憶記。大正六年十二月から昭和十五年四月までの間、「断腸亭日乗」に記した左団次に関する部分を抜粋して作品にした。荷風日記が初めて活字化されて公表されたもので、これによって世間は荷風が長年にわたって日記をしたためていたことを知った。

昭和十六年に入ると、日乗は、写真フィルム、煙草品切れ、鰹節に行列、甘味量の不足、瓦斯暖炉の使用禁止など日常生活に必要な物資不足の記述が増える。荷風の住んでいた偏奇館に防火設備がなかったため町会の役員から脅され「いよいよ麻布を去るべき時節到来せしなるべし」と嘆いた。

明治時代の「富国強兵」「殖産興業」の国策が昭和十年代に入ると、「大東亜共栄圏の建設」「南方進出」に代わった。「八紘一宇」の掛け声の下、国、国民全体が殺気だった時代に、ひとり正気を保って逼塞して生き抜いていたのが荷風だった。作品の発表もまゝならず生殺し状態だったが、時代の成り行きを飽くことなく観察していた。

終戦を疎開先の岡山で迎えた荷風は、八月末、三カ月ぶりに一時帰京。すぐに親類を頼って静岡県熱海市に移り、同年末まで過ごした。そして翌年の昭和二十一年一月、江戸川を挟み葛飾区の対岸、千葉県市川市に引っ越し、従兄弟宅で間借り生活を始めた。

世の中は軍国主義から平和憲法に百八十度変わり、日本は米国の占領下に置かれた。戦時体制下、反軍国主義の姿勢を貫いた荷風に再び光りが当たり始め、終戦直後から荷風宅を訪れる出版社社長の姿が相次いだ。雑誌も次々と復刊、荷風も書き溜めた作品を相次いで発表した。荷風全集も続々と出版され、活字に飢えた人々によって、にわかに荷風ブームが起きる。

しかし、戦後、荷風から目立った新作が生まれることはなかった。昭和三十四年四月の荷風急死の際、「戦後の荷風」をどう評価するのか、荷風追悼の中で論議となった。

久保田万太郎は荷風が亡くなった四月三十日の東京新聞夕刊に、見出し「自分だけを信じて」という追悼文を寄せた。

ぼくは、先生のもたれたかずかずの時代……〝あめりか物語〟の時代、〝すみだ川〟の時代、〝つゆのあとさき〟の時代、〝濹東綺譚〟の時代、そして戦後の〝勲章〟の時代、等……先生ほど、変化し、転移し、そしてつねに躍進をつづけた作家は、日本は勿論、外国にもそのためしをみないであろう。

ぼくは、長い髪の、ともすればその白い額に垂れかかるのを、しとやかな指で掻き上げつつ読書するフランス帰りの先生を知っている。小紋の羽織、縞の着附、一本ドッコの帯、筒下げの煙草入を腰に、清元のけいこにかよった築地住いの先生を知っている。下駄ばきの洋服すがた、ベレをかぶり、手に無造作に買物ぶくろを下げた市川流寓の先生を知っている。……それのどれもが、先生のそのときどきの、うそもかくしもしない、ほんとのすがただったのである。それほど、先生の一生は、到底他人には窺知できないほど複雑であり、手がこんでいたのである。

おのれを大事にかけることによって、いたわることによって、いつくしむことによって、先生はついの栖（すみか）を〝孤独〟のなかにもとめられた。先生は、御自分のこの孤独のなかの死を、しづかに、微笑をもって、御覧になったのではあるまいか？

先生は御自分だけを信じて生きぬかれた。御自分以外の何ものをもお信じにならなかった。しんそこからの芸術家だった。

久保田の追悼文は「文学の師」に対する敬愛の念があふれている。それに対し、五月一日、朝日新聞に掲載された作家舟橋聖一の「永井荷風氏の文学」はクールな内容であった。舟橋は、明治三十一年、荷風が作家広津柳浪の門に入って以来の多岐にわたる経歴を詳細に紹介しつつ、「氏の文学的情熱は『濹東綺譚』をピークとして、急速に読者を失っていった」と指摘した。

戦争中は、文学者の節操を守って、他の作家のように、みだりに戦争賛美の文辞をなさず、一人市井のちりに隠れて、やみ物資ややみ行為の実態を、ひそかにメモランダムしているという評判を聞いた時は、大いにわが意を得たものであった。

ついに、氏の創作意欲は、再起することがなく、芸術的形成を得ずして、日記を日記のままに終わらしめたのは、かえすがえすも残念だ。

戦後の氏は、ほとんど作品らしい作品を書いていない。戦後の退廃と自由は、氏の文学的背景に、ぴったりであるにかかわらず、わずかにヌード界に出入して、老いらくの戯れを、一喫したにすぎない。文字通りの独り暮しであったらしいが、ぜいたくなおしゃれな前半生にくらべて、風流にしては余りに不細工すぎる生活の貧しさであった。

万花りょうらんたる青春の一時代をもったとはいえ、また一世を風びする名作を書いて、その紙価を高からしめたとはいえ、最後の悲惨な死を見るにつけ、その一生を通じての氏の文学はついに亡命の文学であったという印象を消すことは出来なかった。

荷風文学の理解者の一人といわれた作家石川淳は「敗荷落日」という有名な文章を「新潮」七月号の永井荷風追悼特集に書いた。「一箇の老人が死んだ」で始まる追悼文は、「晩年の荷風において、わたしの目を打つものは、肉体の衰弱ではなくて、精神の脱落だからである」と、舟橋より、さらに荷風に手厳しかった。

老人はただひとり、身辺に書きちらしの反故もとどめず、預金通帳をこの世の一大事とにぎりしめて、深夜の古畳の上に血を吐いて死んでいたという。これがただの乞食坊主ではなくて、詩人の家として、名あり財あり、明治このかたの荷風散人の最期とすれば、その文学上の意味はどういうことになるか。

おもえば、「葛飾土産」までの荷風散人であった。しかし、それ以後は……どうもいけない。荷風さんほどのひとが、いかに老いたとはいえ、まだ八十歳にも手のとどかぬうちに、どうすればこうまで力おとろえたのか。わたしは年少のむかし好んで荷風文学を読んだおぼえがあるので、その晩年の衰退をののしるにしのびない。すくなくとも、詩人の死の直後にそのキズをとがめることはわたしの趣味ではない。それにも係らず、わたしの口ぶりはおのずから苛烈のほうにかたむく。

晩年の荷風はなにを守ったか、なにを守るつもりであったか、目に見えない。奇人が晩年に書いた断片には、何の奇なるものも見ない。ただ愚なるものを見るのみである。怠惰な小市民がそこに居すわって、動くけはいがない。歯が抜けたならば、さっさと歯医者に行くべし。胃潰瘍ということならば、行くさきは駅前のカツドン屋ではなくて、病院のベッドの上ときまっている。これを常識というか。

市川の僑居にのこった老人のひとりぐらしには、芸術的な意味はなにも無い。もはや太陽のエネルギーと縁が切れたところの、一箇の怠惰な老人の末路のごときには、わたしは一灯をささげるゆかりも無い。

評論家・川本三郎氏は平成二十七（二〇一五）年七月、日本近代文学館主催の第五十二回「夏の文学教室」で「終戦前後の荷風の行動」と題して講演。「戦争後遺症にかかっていたのではないか」と指摘した。戦争後遺症とは、荷風が体験した「過酷な空襲体験」を指している。

終戦の年三月十日、東京大空襲で荷風は二十六年間、住み慣れた東京・麻布市兵衛町の自宅「偏奇館」が焼失、焼け出された。貴重な蔵書、資料も失い、深い失意を味わった。四月に中野に移り住む。が、ここでも空襲に遭い、知人夫婦の勧めで兵庫県明石市に転居した。しかし、明石、さらなる転居先の岡山市でも再び、ひどい空襲を体験。命からがら九死に一生を得た。食糧難に加え、六十歳代の独居老人にとって極めてショッキングな体験だった。川本氏は「この空襲による稀有な戦争体験が作家生命を奪ったのではないか」とみたのだ。

散策好きの荷風は、昭和二十一（一九四六）年五月から足繁く東京都内の葛飾、江戸川周辺に足を運び、旧赤線の私娼街を探訪し始めている。闇市、戦争未亡人、孤児など敗戦の混乱が続いたこの時期の私娼街探訪は、昭和二十三年に浅草通いが再開される前の終戦直後である点が大変興味深い。この私娼街探訪はこれまで注目されたことはなかった。しかし、戦後の荷風像を探る上で、見落とせないのではないか。

荷風が姿を見せた特飲街、あるいは銘酒屋街と呼ばれた葛飾、江戸川周辺の私娼街は、小岩、新小岩、亀有、立石、高砂、金町の六カ所に及ぶ。東京市向島区の私娼窟「玉の井」を舞台にした代表作「濹東綺譚」で荷風が示した関心とつながりがあるのだろう。

「断腸亭日乗」の記述を拾うと、昭和二十一年五月は「玉の井私娼窟此頃は百軒以上となれり、京成沿線高砂新小岩にもあり、高砂盛り場は去年三月玉の井焼亡後直に出来たりものなりと云」とある。

同年六月、「午後省線新小岩町の私娼窟を歩す、人家漸く尽きんとする町端れに在り、もと平井町に在りし芸者屋の移転せしもの多しと云、大方は亀戸に在りし銘酒屋なり」

同年七月、「私娼窟は新小岩のみならず小岩の町端にも在り、ここは白人のみにて黒奴は来らざる由」

昭和二十二（一九四七）年二月、小岩の東京パレスへは二日続けて訪問。「戦争中精巧舎工場及び寄宿寮ありし処今は広大なる建物を其まま亀戸より移来りし私娼の巣窟となれり」「去年十月までは米兵の出入頻繁なりしが、今は日本人を客にするばかり」「女二三人に林檎一個ヅツ買ひ与へ構内を巡覧し内情を聞いて」「此の私娼窟は女工と娼妓と女学生との生活を混淆したるが如きもの。奇観と謂うべし」と詳しい。

昭和二十四（一九四九）年九月は「金町より省線にて亀有に至る。亀有駅前に楽天地道案内の地図掲げ出したり。空襲後玉の井娼家の一部の移り来れるところなり。家屋娼婦共に立石町よりも優れるが如し」と記している。

昭和二十四年から同二十八年に発表された短編「にぎり飯」「人妻」「老人」「吾妻橋」は省線（現在の総武線）の小岩、小松川、新小岩、平井、京成線の立石、吾妻橋が舞台となっている。葛飾、江戸川周辺の私娼街探訪と関係している、とみていいのだろう。

この時期の荷風の心境を読み解く材料になるのが、荷風が亡くなった昭和三十四年発売の「サンデー毎日」七月特別号に掲載された「書かれざる荷風遺稿」という読みものだ。

昭和二十五（一九五〇）年頃、荷風は「二人艶歌師」という題の「幻の小説」を書こうとしていた、というのだ。小説の荒筋は、葛飾区立石のうらぶれたアパートに住む幼なじみの若者二人。戦時中、徴用工として働いていたが、戦後、いつしか習い覚えた流行歌を歌い、ギターの流しで稼ぐようになった。仕事の行きがけに京成四ツ木駅で電車待ちをしていた二十歳前後の女性と知り合い、仲間に誘う。狭い一室に若い女と男二人が暮らすという奇妙な生活が始まる。三人は流し稼業を続けていく──というものだ。

新聞小説を書くよう勧める記者に対し、荷風は「長い小説でしょう? ぼくはもう長いものは書けやしませんよ」「小説を書くのに、空想だけじゃ書けません。実地に全部試したみた上でなければ書けません。かんじんの実地をためしてみる気力が、もうないんですよ」と素直に心境を吐露している。

「浅草のことは書きましたもの。『勲章』や『踊り子』で。京成電車の走っている東京のはずれのごみごみした場所を書いてみたいと、ずいぶん前から考えていたんですよ」と述べるくだりもある。

荷風は、体力、気力の衰えを自覚しつつ、「好奇心」と「書きたい」という創作意欲が失われることはなかった、とみられる。

戦後の荷風を「怠惰な老人の末路」と酷評した作家石川淳などとは視点とは異にして、昭和二十八年の短編集「吾妻橋」を「荷風文学の頂点」と評したのが佐藤春夫だ。荷風没年の昭和三十四年の「群像」七月号に寄稿している。

「あづま橋」その他の晩年の諸作は現代日本文壇の常識として持っている小説という先入観から見れば、あっけないものに相違ない。しかし、荷風は既に小説を書こうという意欲はないので、小説でなくても立派な文学があり得ることをよく知っている荷風は余年の多からぬを知って一意、彼の文学の完成したものと僕は考える。荷風文学は往年の色気も飾り気もない淡として水の如き俳文のような文学になってしまっている。

「吾妻橋」は、隅田川にかかる吾妻橋のたもとに毎夜立ち、往来の客の袖を引く街娼の二十歳代の女性が主人公。南千住の長屋に家族と暮らしていた道子という名のこの女性は、大工の父が空襲で亡くなり、母の食料を稼ぐため十八歳の時、小岩の売笑窟に身売りした。道子はある日、三ノ輪のアパートに朝帰りで帰って来ると、窓から隣の墓地に墓参りに来ている母と娘を目撃。自分の母の墓石の有無を確認するため、やおら省線電車で松戸の寺へ出掛ける。墓石が無いことが分かり、一度に父母の墓を頼むと、案内の坊さんは道子の孝心を絶賛した。翌日夕、道子は吾妻橋に出向く。顔なじみの商売仲間から、昨夕、警察の手入れがあり、三人が検挙されたことを知る。道子は「坊さんの言う通りだ。親孝行すると悪い災難にかからないで運が好くなる」と、ハンドバックからピースを取り出し、往来の人出を眺めた。

他愛ないストリーと言ってしまえばそれまでだが、話の展開は変わらずリズミカル。吾妻橋の欄干からの朝日ビールの広告塔、鉄橋を往来する東武電車、水上バスの雑沓など隅田川周辺の情景が見事に描かれている。コンパクトな短編だけに、記憶に残る作品だ。

作品の冒頭部分に、道子が客引きするシーンが出てくる。道子は数年前、小岩で馴染みとなった男性に気付き、「パレスの十三号よ。道子よ。」と話し掛ける。道子が口にしたパレスは、荷風が昭和二十二年二月の「断腸亭日乗」に記した小岩の東京パレスのことだ。時計の「セイコー」の工場、寄宿舎は、終戦直後、女工、娼妓、女学生が働く東京パレスという大きな私娼窟に変貌していた。荷風は終戦直後の葛飾、江戸川周辺の私娼窟探訪を、こうして作品に活かしていた。

荷風は昭和二十三（一九四八）年一月、戦後初めて浅草を訪ねた。「玉の井」にも足を伸ばした。「玉の井」は昭和二十年三月の東京大空襲に見舞われ、ほぼ焼失していた。この情景を目の当たりにし、荷風は「断腸亭日乗」で「濹東綺譚執筆の当時を思えば夢の如し」と慨嘆している。荷風の浅草訪問に合わせるかのように、歌手笠置シズ子の「東京ブギウギ」(服部良一作曲)が発売され、爆発的にヒット。「ブギの女王」による東京・有楽町の日本劇場(愛称ニチゲキ)での公演も連日超満員。笠置のパンチの効いた歌声とステージいっぱいに躍動する踊りは、敗戦の荒廃による焦燥感を吹き飛ばす「復興ソング」となった。

同年末、荷風は市川市菅野に借地十八坪の平屋の古い家を見つけ、引っ越した。昭和二十一年から同市内の従兄弟大島五叟宅、仏文学研究者小西茂也宅に間借り生活を続けていたが、やっと自由に振る舞えるわが家を得て、窮屈な生活から解放された。嫌いなラジオの騒音からも逃れ、荷風は昭和二十四年春から短編小説、随筆、脚本の執筆、全集の発行などに旺盛な活動を示す。

急速に復興した浅草への遊興は、ロック座などで人気を博したストリップショーなどを見て、楽屋などで女優、踊り子たちと親しく懇談するのが日課となった。気に入った女優、踊り子のため、脚本「停電の夜の出来事」「春情鳩の町」を書き下ろし、六区のレビュー劇場で上演された。芝居は連日、大入り満員で、荷風自身が舞台に登場。通行人役をこなすなど、誰の目にも「上機嫌な荷風」と映った。混沌とした敗戦後の世相、退廃的、刹那的で猥雑な浅草の街が、荷風お気に入りの別天地となったのだ。

荷風人気で、かつて書いた「つゆのあとさき」「ふらんす物語」「腕くらべ」「ひかげの花・あじさい」などが次々と中央公論、新潮社、角川文庫、河出書房などから単行本として出版された。大変な印税金の収入だった。また遺産で所有していた一流銘柄の株券による配当金も少なくなかった。作家としてあくせくと小説、随筆などを書く必要は失せていった。

黒のオーバーにベレー帽。買い物籠、コーモリ傘を持ち、下駄ばきという奇妙な出で立ちで浅草通いを続けた荷風。昭和二十七（一九五二）年十一月、七十三歳の時、第十一回の文化勲章を受章する。同年の受賞者は、ノーベル物理学賞の朝永振一郎氏に、画家安井曾太郎、同梅原龍三郎氏ら総勢七人だった。文部省から発表された受賞理由は「温雅な詩情と高まいな文明批評と透徹した現実観照の三面が備わる多くの優れた創作を出した外江戸文学の研究、外国文学の移植に業績をあげ、わが国近代文学史上に独自の巨歩を印した」となっている。

荷風は文部省が出した候補者リストに載っていなかったが、「三田文学」の教え子、作家久保田万太郎が強く推し、久保田ら十人の選考委員会から九票を得て選ばれた。文部省などの関係者は、荷風のこれまでの言動から受賞を辞退するのではないか、という点を危惧していた。世情に長けた久保田は事前に荷風を訪ね、荷風の真意を確認していた、という。文部省が発表した受賞理由は、大層ご立派な題目となっている。が、荷風はインタビューの新聞記者に「ふさわしい本があるとすれば断腸亭日乗四巻でしょう」と即答した。

十一月三日の文化の日、荷風は皇居での授賞式に、中央公論社の嶋中鵬二社長から借りたモーニング姿で出席。吉田茂首相から勲章を手渡され、昭和天皇らとの食事会もこなし、勲章授与式を無事済ませた。その二日後、浅草ロック座の女優踊子二、三十人から浅草の洋食店に招かれ、「勲章バンザイ」の連呼を受けた。

「戦後の荷風像」を考察する際、見落としてならないのが春本「ぬれずろ草紙」だ。市川市の荷風宅から見つかり、その内容の一部が遺族によって明らかになった。断腸亭日乗に「春本濡ズロ草紙草す」と荷風が記したのは、昭和二十三（一九四八）年一月のことだ。葛飾周辺の私娼街探訪の時期と重なる。「ぬれずろ草紙」を書くための取材と調査だったのではないか。こんな推測も成り立つ。

「ぬれずろ草紙」は戦争未亡人の主人公が、駐留軍米兵らと奔放な性戯に耽る場面を書き連ねた作品だ。荷風は、終戦直後の混乱した世相、風俗にヒントを得て「性愛作家」の異称にふさわしい「究極的なエロスの世界を描こうとした」のだろうか。あるいは、戦争未亡人の凶変ぶりを通して戦争がもたらす惨禍、はたまた生き抜く女性のたくましさなどを描こうとしたのだろうか。

「ぬれずろ草紙」は上質の和紙に荷風自ら毛筆で流麗な文字をしたため、二冊の和綴じ本に大事にまとめられている。短編ではなく中編小説だ。書き始めたのは「断腸亭日乗」に記述された昭和二十三年だが、「いつ脱稿したのか」は不明だ。内容からして日乗に記した「老後の一興」という側面も否定できない。

昭和二十三年五月に起きた「四畳半襖の下張」事件との関連も注目される。もう一度春本に挑戦してみたい、という気に駆られたのだろうか。「ぬれずろ草紙」を書き始めた直後に同事件は起きた。大正時代の荷風の作品で、金阜山人戯作「四畳半襖の下張」はその後、手直しされ、一部好事家の間で春本として出回った。戦後、筆写本、謄写本、活版本が、荷風本人の知らないところでアングラ出版された。

警視庁が摘発に乗り出し、荷風は自身に捜査の手が及ぶのを極度に恐れ、警視庁の事情聴取に対し「自分の作品ではない」という趣旨の釈明をした。このため荷風から著作権が離れてしまった。戦後の法改正で出版や販売にかかわらなかった作者が作者であるだけで罪に問われることがなくなったことを荷風は知らなかった。

「金阜山人」とは、荷風が生まれた東京都小石川区金富町（現在の文京区春日）をもじった戯号で、「阜」はゆたか、さかん、という意味があり、「富」の替え字とされる。「山人」は文人の雅号に添える言葉だ。

荷風研究家、柘植光彦氏の解説によると、「四畳半襖の下張」に様々な異本が出回った理由は、原本となる荷風の自筆本が昭和二十（一九四五）年三月十日の東京大空襲で、荷風の自宅「偏奇館」とともに焼失し、残ったのは荷風に無断で出版関係者が筆写したもののみ、という事情があった。

荷風が浅草通いに精を出していた頃、藤蔭静枝は静枝の名を弟子に譲り、静樹となった。終戦時、静枝は六十五歳になっていた。戦後の混乱期の約十年間、舞踊は空白期となり、再び創作活動を始めた時、既に七十歳台の後半を迎えていた。独り身で猫を可愛がり、酔えば荷風とのおのろけ話を披露した。「新舞踊の母」と言われ、舞踊界の大御所的存在になった静樹は、紫綬褒章などを受賞。昭和三十八年十一月、歌舞伎座での「伝授山姥」が最後の舞台となった。

昭和三十九年の秋、病床で文化功労者の指定を聴いた。翌年には生存者叙勲で勲四等宝冠章を受けた。そして荷風の死から後れること七年、静樹は昭和四十一年一月、東京都港区麻布六本木町の自宅で肺炎などのため亡くなった。享年八十五歳だった。小さな体でお座敷芸だった日本舞踊を、新舞踊として芸術の域まで高めた悪戦苦闘の挑戦人生だった。

静樹の葬儀は同月十四日、港区の青山葬儀所で日本舞踊協会、藤蔭流の合同葬として盛大に執り行われた。葬儀委員長は元慶大教授で文部大臣などを歴任した同協会会長高橋誠一郎氏、弔辞を中村梅吉文部大臣が述べた。実子とみられた内田芳夫氏は、「甥」として喪主を務め、心の中で「ありがとう。お疲れ様でした。」と慟哭し、静樹を静かに見送った。

（了）

あとがき

この本の主題である文豪永井荷風と新橋芸者巴屋八重次との間の実子ミステリーについて最初に指摘されたのは、元同志社大文学部教授真銅正宏氏である。真銅氏は令和五（二〇二三）年現在、大阪府茨木市の追手門学院大学で学長・教授をされている。

真銅氏は、平成二十一（二〇〇九）年十月、財団法人日本近代文学館発行の「日本近代文学館年誌　資料探索5」に「荷風伝の空白　―初代藤蔭静枝の書簡をめぐって―」と題する論文を発表し、初めて実子とみられる故内田芳夫氏の存在を取り上げた。大学の教授らしく丁寧かつ慎重な言い回しで、内田氏の一人娘、現藤蔭流三代目宗家藤蔭静樹（本名佐土市子）さんから提供された初代静枝の手紙などから「彼女が初代藤蔭静枝の実の孫であり、祖父が永井荷風であるとするならば、いろいろの記憶の辻褄が合う。」と推論した。

また初代静枝（初代藤蔭静樹）の出身地である新潟県の郷土史家、故児玉義男氏は平成二十三（二〇一一）年三月、「藤蔭静枝の子　―父は文豪永井荷風と確信―」という出版物を発行している。児玉氏は、昭和二十四（一九四九）十二月、サンデー毎日に掲載された初代静枝の「自叙小伝」に感銘し、それを手書きで全文掲載し、解説を加えて「藤蔭静枝の自叙小伝」をつくった。しかし、真銅氏の論文を知り、新たに二部を追加して内田氏の存在を指摘した。

内田芳夫氏が荷風と初代静枝との間の実子であるかの真偽は、荷風と内田氏の墓を掘り起こし、ＤＮＡ鑑定すれば決着する話かもしれない。しかし、現実にはそんなことはできないし、するべきでもない。

内田氏の存在は、昭和二十五年生まれの娘、佐土市子さん、つまり藤蔭流三代目宗家藤蔭静樹さんの周辺では知られている。が、一般的には無名に等しく、多くの荷風研究家の間でも顧みられたことがない。「母を母と呼べず亡くなった」内田氏の無念の想いを通して初代藤蔭静樹の苦衷。静樹との愛と離別による葛藤から、文豪永井荷風の知られざる、新たな人間的側面に光が当てられた、とすれば幸いである。

文中には永井家、内田家に関する人物が複数回、数多く登場する。読者の煩を少しでも軽減できれば、と両家の家系図をつくり、供した。佐土市子さんからの資料、秋庭太郎氏の「考証　永井荷風」、児玉義男氏の「藤蔭静枝の子」の家系図などを参考にさせていただいた。

永井荷風の写真は、永井壮一郎氏が所蔵するもので、戦後、自宅のある市川市内を散策した際、撮影されたとみられる。が、時期は不明。市川市文化施設課美術館構想担当室の協力を得て、掲載について同氏の承諾を得た。藤蔭静枝の写真は、昭和十一年十二月、藤蔭会第三十七回公演が東京・日比谷公会堂で開催された際、長唄「初しぐれ」を踊った時のもので、藤蔭会五十年史から転載させていただいた。

原稿の編集、校正を旧知の静岡新聞の元編集局長、石川秀樹氏にお願いした。同氏の適切なアドバイスのお蔭で出版作業がスムーズに進んだ。心からお礼を申し上げます。装丁は山本哲三郎氏に依頼した。

参考書籍

『摘録　断腸亭日乗（上）』永井荷風著（岩波文庫）
『摘録　断腸亭日乗（下）』永井荷風著（岩波文庫）
『断腸亭尺牘』永井荷風著
『荷風外傳』秋庭太郎著（春陽堂）
『永井荷風』磯田光一著（講談社）
『考証　永井荷風（上）』秋庭太郎著（岩波書店）
『考証　永井荷風（下）』秋庭太郎著（岩波書店）
『小説　永井荷風』小島政二郎著（ちくま文庫）
『小説永井荷風伝』佐藤春夫著（岩波文庫）
『荷風追想』多田蔵人編（岩波書店）
『荷風と戦争』百足光生著（国書刊行会）
『永井荷風の昭和』半藤一利著（文春文庫）
『荷風さんの戦後』半藤一利著（筑摩書房）
『荷風と静枝』塩浦彰著（洋々社）
『父荷風』永井永光著（白水社）
『慶應義塾文学科教授　永井荷風』末延芳晴著（集英社）
『女たちの荷風』松本哉著（白水社）

『永井荷風　仮面と実像』柘植光彦著（ぎょうせい）
『藤蔭静樹　藤蔭会五十年史』西宮安一郎編著（カワイ楽譜）
『自叙小伝藤蔭静枝』藤蔭静枝著（サンデー毎日昭和二十四年十二月十一日～十八日）
『交情蜜の如し』藤蔭静樹著（婦人公論昭和三十四年七月号）
『藤蔭静枝の子』児玉義男著（自費出版）
『あめりか物語』永井荷風著（岩波文庫）
『ふらんす物語』永井荷風著（岩波文庫）
『すみだ川・新橋夜話』永井荷風著（岩波文庫）
『日和下駄』永井荷風著（講談社文芸文庫）
『花火・来訪者』永井荷風著（岩波文庫）
『濹東綺譚』永井荷風著（新潮文庫）
『たけくらべ』樋口一葉著（集英社文庫）
『今戸心中』広津柳浪著（岩波文庫）
『荷風余話』相磯凌霜著（岩波書店）
『秘録　大逆事件（上下）』塩田庄兵衛、渡辺順三著（春秋社）
『幸徳秋水の思想と大逆事件』大原慧著（青木書店）
『最後の元老　西園寺公望（上）』豊田穣著（新潮社）
『最後の元老　西園寺公望（下）』豊田穣著（新潮社）
『二・二六事件と真崎大将　昭和維新』田々宮英太郎著（サイマル出版会）
『昭和史と私』林健太郎著（文芸春秋）

『重臣たちの昭和史　上』勝田龍夫著（文芸春秋）
『甘粕正彦　乱心の曠野』佐野眞一著（新潮社）
『永田鉄山と昭和陸軍』岩井秀一郎著（祥伝社新書）
『一握の砂　時代閉塞の現状』石川啄木著（宝島社文庫）
『昭和将棋風雲録』倉島竹二郎著（講談社）
『文豪お墓まいり記』山崎ナオコーラ著（文芸春秋）

参考資料

論文「荷風伝の空白―初代藤蔭静枝の書簡をめぐって―」同志社大文学部教授真銅正宏氏執筆、二〇〇九年十月、財団法人日本近代文学館編集発行「日本近代文学館年誌　資料　探索5」掲載
「荷風も魅了・玉の井路地風景」ＮＰＯ法人すみだ学習ガーデン主催講座資料、講師日比恆明氏執筆
「特集　永井荷風・奥野信太朗」三田文学１３５秋季号２０１８
「知ってる!?この人　藤蔭静樹」新潟日報社二〇一四年九月四日掲載
「伯爵が愛した古町芸妓」新潟日報社二〇二〇年八月三日掲載
「新潟開港一五〇年」新潟日報社二〇一八年七月十二～十五日、同年七月二十日掲載
「聞く　市山七十世さん（市山流7世家元）」新潟日報社二〇〇三年十月十一日掲載
「古町芸妓　あおいの歩く道23、38」新潟日報社二〇二〇年十一月二十七日、同年十二月十八日掲載
「新潟美妓列伝　第一～四回」郷土史家藤村誠

『永井荷風 「断腸亭日乗」と「遺品」でたどる365日』編集・発行 市川市文学ミュージアム

「永井荷風展―荷風の見つめた女性たち―」編集・発行 市川市文学ミュージアム

「木根川の歴史2」四ツ木・木下川の永井荷風』寺島玄著（町の文化と歴史をひもとく会）

「永井荷風と藤蔭静樹」の関連年表

明治時代　荷風誕生～三十二歳

明治	年	
十二	一八七九	十二月三日　永井壮吉（荷風）、父久一郎、母恒の長男として東京市小石川区金富町に生まれる。
十三	一八八〇	十月十三日（戸籍上二十日）　内田ヤイ（八重次、後の藤蔭静樹）、新潟県下新潟区古町通五番町に生まれる。ヤイは内田寅七、イキの二女。
十四	一八八一	十二月五日　ヤイの弟、内田芳松氏生まれる。内田寅七氏の二男。
十七	一八八四	ヤイ、新潟・古町の妓楼庄内家の養女となる。
二十四	一八九一	六月　父久一郎、文部省会計局長に就任。九月、荷風、東京高等師範学校附属尋常中学科第二学年に編入。
三十	一八九七	久一郎、文部省を退職。日本郵船会社に入社、上海支店長となる。十一月、荷風、神田の高等商業学校付属外国語学校清語科に入学。
三十二	一八九九	在学中の外国語学校を欠席がちのため除籍される。
三十三	一九〇〇	二月　久一郎、郵船横浜支店長に栄転。
三十六	一九〇三	九月　父の命により渡米し、ワシントン州タコマに滞在。ハイスクールでフランス語を学ぶ。

三十七	一九〇四	十一月　ミシガン州カラマズー大学に入学。聴講生としてフランス語、英文学を学ぶ。	二月　**日露戦争**起きる
三十八	一九〇五	六月　ニューヨークに移り、ワシントン日本公使館で臨時雇い。娼婦イデスと知り合い、交情深める。十二月、横浜正金銀行ニューヨーク支店の現地職員として働き始める。	
四十	一九〇七	七月　父久一郎の計らいで正金銀行リヨン支店への転勤が決まる。フランス船でニューヨークを出港、リヨン着。	
四十一	一九〇八	三月　銀行辞職。パリに移り、上田敏と知り合う。五月、パリを出発、ロンドン経由で日本帰国の途に就く。 七月　神戸に帰国。 八月　「**あめりか物語**」を博文館より刊行。	
四十二	一九〇九	一月　「狐」発表。 二月　「深川の唄」発表。「早稲田文学」が過去一年最も活躍した文芸の士に贈る「推薦之辞」で荷風の名を挙げる。 三月　「監獄署の裏」発表。「**ふらんす物語**」発禁。 七月　森鴎外の性的自伝小説「ヰタ・セクスアリス」発禁。 初夏　新橋板新道・新翁家の芸者・富松と知り合う。 九月　「歓楽」が発禁処分。 十二月　「すみだ川」発表。	十月　**伊藤博文暗殺**、ハルピン駅頭で

四十三	一九一〇	二月　慶大文学科教授に就任。 五月　「三田文学」創刊。二代目藤間勘右衛門の弟子だった内田静江が藤間静枝の名取を許される。新橋巴屋から八重次の名で芸妓に出る。 夏　荷風と文学芸者八重次が出会う。 九月　富松、他の客に落籍される。 十二月　慶大に通う途中、大逆事件の被告を護送する馬車を見て深い衝撃を受ける。	幸徳秋水、神奈川県湯河原で逮捕される（**大逆事件**） 八月「**朝鮮併合**」
四十四	一九一一	一月二十五日夜　上野・精養軒でスバル、三田文学、新思潮、白樺派の合同会合が開かれる。合同の季刊雑誌発行を荷風らが提案、武者小路実篤の反対で頓挫。 三月　「すみだ川」を籾山書店から刊行。 七月四日　内田芳松氏、伊場カノとの婚姻届け出。 七月五日　内田芳松氏、長男芳夫の出生届け出。生地は戸籍上、紀伊郡深草村大字福稲小字開土一番地。実際の出生日は六月十七日とみられる。 八月　船で神戸、門司を経て長崎に遊ぶ。 十一月　「谷崎潤一郎氏の作品」を「三田文学」に発表。 「紅茶の後」を籾山書店から刊行。 十七日　西園寺公望の第六回雨声会に招かれる。	一月十八日　大審院特別刑事部、幸徳秋水ら大逆事件被告二十四人に死刑判決。二十四日幸徳秋水ら十一人の死刑執行。二十五日女性被告管野スガの死刑も執行

大正時代		荷風　三十三歳～四十五歳	
一	一九一二	九月二十八日　父親の勧めで本郷湯島の材木商・斎藤政吉の二女ヨネと結婚。八重次との交情続く。 十一月　「新橋夜話」を籾山書店から刊行。 十二月三十日　父脳溢血で倒れる。荷風は八重次宅で知らず。	
二	一九一三	一月二日　父死去。 二月　斎藤ヨネと離婚。巴屋八重次を外妾とする。 四月　「珊瑚集」を籾山書店から刊行。 七月　「浮世絵の山水画と江戸名所」を「三田文学」に掲載。 十月　留学中の末弟威三郎、帰国。	七月　**第一次世界大戦**勃発
三	一九一四	四月十五日　八重次分家届出　向島有馬温泉の主人金子元助の籍に入る。 八月三十日　市川左団次夫妻の媒酌で八重次こと金子ヤイと結婚式を挙げ、八百善で披露。この結婚を契機に弟威三郎と不仲になり、親戚縁者から遠ざかる。	
四	一九一五	一月　「夏すがた」を籾山書店から刊行、発禁処分を受ける。 二月十日　ヤイ、家出。二十三日、荷風、ヤイと離婚。 三月八日　ヤイ、金子家を出て一家創立。 五月　京橋区築地一丁目に移り、「荷風傑作鈔」を籾山書店から刊行。	

		十月　宗十郎町の妓家に隠れ住む。 十一月　「日和下駄」を籾山書店から刊行。	
五	一九一六	一月　浅草旅籠町に転居。 二月　慶大教授を辞職。 四月　籾山庭後・井上唖唖らと雑誌「文明」を創刊。 この年、余丁町本邸に帰る。	
六	一九一七	五月二十九日　八重次こと藤間静枝が藤間勘次（松柏）、藤代などと「藤蔭会」を起こし、日本橋常磐木倶楽部で第一回公演。 九月　日記を書き始める（「**断腸亭日乗**」の始まり）。 三十八歳。	
八	一九一九	十二月　「改造」に「花火」を発表。	
九	一九二〇	麻布市兵衛町に移転。洋館を「偏奇館」と称す。	
十二	一九二三	九月一日　**関東大震災**が発生。荷風は難を逃れる。	
十三	一九二四	内田芳松氏は新潟市大川前通り五番町五七より京都市伏見区深草に転籍。	
昭和時代　荷風　四十八歳～七十九歳			
二	一九二七	関根歌を囲い、カフェー女給と悶着。	
五	一九三〇	六月十三日　内田芳松氏は義松と名を変更。	

六	一九三一	愛妾歌と別れる。 藤間静枝、藤間流を返上して**藤蔭流を創立**し、家元となる。	九月　**満州事変**起きる
七	一九三二	**五・一五事件**が起き、犬養毅首相、官邸で射殺される。	
十一	一九三六	**二・二六事件**をラジオで聞き「断腸亭日乗」に記す。	
十二	一九三七	四月　東京大阪朝日新聞夕刊に「**濹東綺譚**」の連載開始。五十八歳。 九月　母恆死去　葬儀に参列せず。	七月　**盧溝橋事件**発生　**日中戦争**始まる
十三	一九三八	五月　浅草で創作オペラ「葛飾情話」上演。	
十四	一九三九	十一月二十二日　内田芳夫氏、牛尾澄子と婚姻届出。	
十六	一九四一	七月　内田芳夫氏、満州に出征。	十二月八日　**太平洋戦争**に突入
二十	一九四五	三月　**東京大空襲**　偏奇館焼失。六十六歳。 六月　明石に疎開。 八月　疎開先の岡山で終戦、帰郷。	
二十五	一九五〇	十二月十五日　内田芳夫の長女市子生まれる。	
二十七	一九五二	十一月　**荷風に文化勲章**。七十三歳。	
三十二	一九五七	二月　静枝の芸名を門弟美代枝に譲り、静樹となる。美代枝が二代目襲名。	
三十三	一九五八	**藤蔭流宗家樹立**。	
三十四	一九五九	四月三十日　**荷風、市川の自宅で死去。七十九歳**。	

三十五	一九六〇	**藤蔭静樹が紫綬褒章**受章。	
三十六	一九六一	七月二十日　内田義松氏が死去。七十九歳。	
三十九	一九六四	十一月　初代**藤蔭静樹が文化功労者**に顕彰される。	
四十一	一九六六	一月二日　初代**静樹**、港区麻布六木町の自宅で肺炎などで**死去**。**八十五歳**。 十四日　青山葬儀所で日本舞踊協会、藤蔭流の合同葬。喪主は甥内田芳夫氏。 葬儀委員長高橋誠一郎氏、文部大臣中村梅吉氏などが弔詞。	
四十五	一九七〇	十一月八日　内田市子が佐土一良と結婚。	
五十五	一九八〇	十月十七日　内田芳夫氏死去。六十九歳。	
平成時代　その後			
二十三	二〇一一	二代目静樹死去（安藤暢子）。	
二十五	二〇一三	八月　内田芳夫氏の長女佐土市子が三代目宗家藤蔭静樹襲名。	

江畑　忠彦（えばた・ただひこ）

1946年生まれ。69年、早稲田大学第一法学部卒業後、共同通信社に入社。社会部での警察、検察取材を中心に、和田心臓移植事件、連続企業爆破事件、日本赤軍事件、成田空港管制塔占拠事件、グリコ・森永事件、日航ジャンボ機墜落事故、リクルート事件、昭和天皇逝去、阪神大震災など70年代から90年代にかけての事件、事故,災害を取材。大阪支社社会部長、本社社会部長、大阪支社長、編集局長、常務理事を歴任。現在はフリージャーナリスト。著書に「共同通信社会部」(株式会社共同通信社)、「記者人生ラストラン」(ミーツ出版株式会社)がある。

荷風 静樹　愛と離別

2024年11月1日　初版発行

著　者　江畑　忠彦
発行者　石川　秀樹
発行所　ミーツ出版株式会社
〒420-0816　静岡市葵区沓谷一丁目3-16
電　話：054-246-0924
発　売　株式会社メディアパル（共同出版者・流通責任者）
〒162-8710　東京都新宿区東五軒町6-24
電　話：03-5261-1171
印刷所　藤原印刷株式会社

Printed in Japan 2024　ISBN978-4-8021-3487-3